STEPHEN SOUNDERING

TUDO O QUE VOCÊ PRECISA SABER SOBRE

# GESTÃO

ATUE COMO **COACH**, **MENTOR** E **ENTUSIASTA** DO SEU TIME! O **GUIA ESSENCIAL** DAS ESTRATÉGIAS DE GESTÃO PARA IMPULSIONAR O **NEGÓCIO**

TRADUÇÃO: LAURA FOLGUEIRA

**Diretora**
Rosely Boschini

**Gerente Editorial Pleno**
Franciane Batagin Ribeiro

**Assistente Editorial**
Alanne Maria

**Produção Gráfica**
Fábio Esteves

**Preparação**
Gleice Couto

**Imagens de Capa**
Istock

**Diagramação e Adaptação**
**de Capa e Miolo**
Renata Zucchini

**Revisão**
Andréa Bruno
Amanda Oliveira

**Impressão**
Gráfica Rettec

Título original: *Management 101*
Copyright © 2022 by F+W Media, Inc.
Publicado por acordo com Adams
Media, uma divisão da F+W Media,
Inc. Company, 57 Littlefield Street,
Avon, MA 02322, USA.

Todos os direitos desta edição são
reservados à Editora Gente.

Rua Natingui, 379 – Vila Madalena
São Paulo, SP – CEP 05443-000
Telefone: (11) 3670-2500
Site: www.editoragente.com.br
E-mail: gente@editoragente.com.br

Dados Internacionais de Catalogação na Publicação (CIP)
Angélica Ilacqua CRB-8/7057

---

Soundering, Stephen
    Tudo o que você precisa saber sobre gestão : atue como coach, mentor e entusiasta do seu time!: o guia essencial das estratégias de gestão para impulsionar o negócio / Stephen Soundering ; tradução de Laura Folgueira. – São Paulo: Editora Gente, 2022.
    240 p.

    ISBN 978-65-5544-203-8
    Título original: Management 101

    1. Administração 2. Administração de pessoal 3. Governança corporativa 4. Liderança I. Título II. Folgueira, Laura

22-1037                                                     CDD 658

---

Índice para catálogo sistemático:
1. Administração

# NOTA DA PUBLISHER

Publicar um guia de cabeceira é sempre um grande desafio. Ele precisa ser didático, ter soluções aplicáveis e ser atemporal. Um bom manual torna-se parte da nossa rotina, pois reconhecemos seu valor e o lemos com frequência. Tiramos uma dúvida aqui, outra ali. E, quando nos damos conta, já sabemos de cor em qual página podemos encontrar a definição exata para aquela dúvida, mas que precisa de uma resposta rápida e assertiva.

Para quem lidera e gerencia empresas, sejam elas grandes ou pequenas, ter um manual capaz de ajudá-los a planejar o sucesso, escalar os resultados com precisão e criar sinergia na equipe é um alento – e *Tudo o que você precisa saber sobre gestão*, livro que agora segura em mãos, é a ferramenta perfeita para tornar este sonho real e ter uma administração resolutiva e de sucesso.

Aqui, você aprenderá como lidar com pessoas e projetos. Verá, também, que as habilidades de gestão podem ser aprendidas. Este livro o mostrará que é sempre tempo para iniciar uma nova leitura, aprimorar habilidades e transformar a cultura corporativa da empresa que você constrói e faz parte.

*Tudo o que você precisa saber sobre gestão* é um livro com todas as dicas, reflexões e lições que o público-leitor precisa para melhorar o desempenho coletivo, promover um ambiente saudável e alçar voos maiores, resultados esperados para uma gestão humana, comprometida e qualificada.

Vamos juntos nessa? Boa leitura!

**ROSELY BOSCHINI – CEO e Publisher da Editora Gente**

# CARO(A) LEITOR(A),

Queremos saber sua opinião sobre nossos livros.
Após a leitura, curta-nos no **facebook.com/editoragentebr**,
siga-nos no **Twitter @EditoraGente**, no **Instagram @editoragente**
e visite-nos no site **www.editoragente.com.br**.
Cadastre-se e contribua com sugestões, críticas ou elogios.

# SUMÁRIO

INTRODUÇÃO 7

O QUE É GESTÃO? ............................................................. 9

ENTENDENDO A CULTURA CORPORATIVA ................................ 13

GERENCIANDO EXPECTATIVAS ............................................. 19

COACH ........................................................................... 24

MENTOR .......................................................................... 26

PROFESSOR ..................................................................... 28

PAIS .............................................................................. 31

LÍDER DE TORCIDA ........................................................... 35

A NECESSIDADE DE ESTRUTURA ........................................... 37

CONSISTÊNCIA É A CHAVE .................................................. 41

A IMPORTÂNCIA DE ESCUTAR .............................................. 43

TRABALHO EFICAZ EM EQUIPE ............................................. 46

RESPONSABILIDADE E PRESTAÇÃO DE CONTAS ........................ 52

INTERAÇÕES DIÁRIAS COM SEUS COLABORADORES .................. 55

O QUE FUNCIONA PARA ELES FUNCIONA PARA VOCÊ ................ 62

CULTIVANDO BOAS PESSOAS ............................................... 64

GERENCIANDO COLABORADORES EM TRABALHO REMOTO .......... 67

DINHEIRO É IMPORTANTE? .................................................. 71

CANALIZANDO ENERGIA CRIATIVA ......................................... 74

RECONHECENDO E ALIMENTANDO O POTENCIAL ....................... 79

OS RISCOS DO FAVORITISMO ............................................... 81

OBJETIVOS REALISTAS ....................................................... 84

TORNE SEU DIA PRODUTIVO ................................................ 89

RESOLVENDO PROBLEMAS COM CRIATIVIDADE ........................ 97

TOMADA DE DECISÃO CONSCIENTE ....................................... 108

ESTIMULANDO A CRIATIVIDADE ............................................ 115

DELEGUE, DELEGUE, DELEGUE! ........................................... 120

CONFIE NAS PESSOAS ....................................................... 124

RESOLVENDO COMPORTAMENTOS CONTRAPRODUCENTES .......... 131

QUANDO AS PERSONALIDADES COLIDEM ................................ 137

LIDANDO COM A MANIPULAÇÃO ........................................... 141

DISCORDÂNCIA PRODUTIVA ......................................................... 143

DOMINANDO A ARTE DE FAZER REUNIÕES ....................................... 148

FAZENDO APRESENTAÇÕES EFICAZES.............................................. 155

DESEMPENHO E AVALIAÇÃO.......................................................... 162

ESTRUTURAS DE AVALIAÇÃO DE DESEMPENHO ............................... 166

IDENTIFIQUE PROBLEMAS DE DESEMPENHO ..................................... 171

COACHING DE DESEMPENHO......................................................... 175

GERINDO ANTIGOS COLEGAS ........................................................ 182

COLABORADORES RAIVOSOS, GERENTES RAIVOSOS....................... 186

SUBSTITUINDO UM GERENTE ........................................................ 196

RECONSTRUINDO UM GRUPO DE TRABALHO ................................. 202

PROMOVER E CONTRATAR............................................................. 204

ENTREVISTANDO CANDIDATOS ...................................................... 209

A ENTREVISTA DO COMEÇO AO FIM............................................... 214

DEMISSÕES ................................................................................ 219

DEMITINDO UM COLABORADOR..................................................... 224

RESPONSABILIDADE PESSOAL ...................................................... 229

# INTRODUÇÃO

Como tudo no mercado de trabalho atual, o conceito do que significa ser um gestor está mudando. E não é que esteja ficando mais fácil gerenciar. O mercado se tornou um ambiente complexo, com uma comunicação cada vez mais veloz, circunstâncias econômicas que mudam rapidamente, colaboradores remotos (às vezes, alocados em outro continente) e informações por todos os lados. A força de trabalho mudou: é mais jovem, tecnologicamente mais experiente e mais diversa em todos os sentidos. Sob tais circunstâncias, é comum que os gerentes se sintam sobrecarregados. Como alguém pode "gerenciar" tudo isso?

*Tudo o que você precisa saber sobre gestão* explica essas e outras questões em uma série de capítulos curtos e objetivos. Quer você esteja no cargo de gerência há pouco tempo, quer seja um gestor veterano com muita experiência, encontrará neste livro dicas úteis para trazer à tona o que há de melhor em seus colaboradores e em si mesmo.

Um gerente é responsável pela direção de um grupo de colaboradores ou de um projeto. Parece algo muito simples, mas na verdade não é. O *Wall Street Journal* cita o guru da gestão, o falecido Peter Drucker: um gestor define objetivos, organiza, motiva e comunica, avalia performances, e potencializa as pessoas. "Embora outros especialistas em gestão usem palavras diferentes e se concentrem em diversos aspectos dessas responsabilidades", diz o repórter do *Wall Street Journal*, "a descrição básica do cargo de gerente ainda é válida".

Em seu âmago, uma boa administração tem tudo a ver com trabalho de equipe. Como gestor, seu papel é levar outras pessoas a atingir objetivos que promoverão as metas maiores estabelecidas pela empresa. Você será avaliado como gerente, em grande parte, pela maneira como sua equipe trabalha e pelo resultado de seu projeto.

Este livro lhe mostrará como se comunicar de modo claro e eficaz, planejar o sucesso, executar esses planos com precisão e muito mais. Acima de tudo, ele o ajudará a aprender como gerenciar pessoas e projetos, a fim de alcançar os resultados desejados. Grandes gestores sabem como inspirar seus colaboradores, extrair o melhor deles e ajudá-los a subir na carreira. Sabem identificar quando um sistema não está funcionando como deveria e distinguir isso dos problemas com as pessoas que compõem o sistema. Sabem como resolver conflitos e encontrar as posições certas para os membros da equipe.

Ninguém nasce com grandes habilidades de gestão; é preciso aprendê-las. *Tudo o que você precisa saber sobre gestão* lhe ensinará o básico sobre o assunto – oferecendo exemplos tanto do que dá certo quanto do que não dá. As lições vão desde como recrutar ótimos profissionais e retê-los em sua equipe até como mudar comportamentos contraproducentes e conduzir avaliações de desempenho eficazes. Tudo isso você encontra aqui em *Tudo o que você precisa saber sobre gestão*. Portanto, vamos começar!

# O QUE É GESTÃO?

As facetas da organização

Procure a palavra "gerente" ou, em inglês, *manager*, na internet ou em qualquer livro de referência e você encontrará muitas definições diferentes. Na língua inglesa, principalmente, o termo é bem amplo, sendo aplicado ao treinador de uma equipe esportiva, a alguém contratado para administrar os negócios ou assuntos pessoais de uma celebridade, a um servidor de computador que fornece o link de comunicação entre o administrador do sistema e os dispositivos afiliados em uma rede. No entanto, a definição mais comum, e também a usual em português, é a de alguém responsável por gerir um grupo de colaboradores ou um projeto. Em outras palavras, alguém como você.

Em organizações, os gestores aparecem em muitas facetas – eles podem ser diretores, líderes de equipe ou chefes de seção, vice-presidentes, chefes de operações, até mesmo líderes de conselho de administração. Nesse sentido, até mesmo o presidente de um país é um gerente.

De acordo com o especialista em gerenciamento Bill Warner, apesar de suas diferentes responsabilidades, todos os gestores têm várias coisas em comum: eles são líderes, gerentes de projeto e treinadores que utilizam os recursos do departamento – tanto pessoas quanto equipamentos – para realizar o trabalho. Desenvolvem estratégias, organizam o departamento, estabelecem prioridades e tomam decisões, asseguram o treinamento de seus colaboradores, delegam responsabilidades, encontram soluções, garantem que os colaboradores tenham recursos adequados para realizar o trabalho, comunicam-se com o próprio departamento e também com outros, representam a equipe (tanto interna quanto externamente) e ajudam a determinar a política da empresa.

Os gerentes também têm uma série de deveres mais "brandos": estabelecer e solidificar relações dentro e fora da empresa; criar e nutrir um ambiente de trabalho positivo para que as pessoas se apoiem dentro da equipe; e treinar indivíduos de modo que eles tenham uma ideia clara de como podem contribuir e, assim, melhorar seu desempenho para que deem o melhor de si. Gestores também agem como mentores, incentivando novos talentos e aconselhando os colaboradores em suas jornadas profissionais. Além disso, atuam como um canal para a gerência de nível superior ao relatar o progresso de seu departamento e outras questões que podem afetar a tomada de decisões da empresa.

Resumindo, gestores são responsáveis por tudo em sua área de atuação. Não importa o que ou quantas pessoas você gerencia, quando se trata da esfera pela qual você é responsável, a bola está com você.

## A FUNÇÃO DA GESTÃO: A REGRA 80/20

Há muitas análises sobre o que um gerente deve ou não fazer. Na verdade, há tanta informação que é até difícil saber por onde começar. E, mesmo sabendo onde procurar, ninguém é capaz de aprender tudo. O objetivo deve ser, portanto, identificar as ideias que produzirão a maioria dos resultados – e isso é uma aplicação da regra 80/20.

A regra 80/20 diz que, com frequência, encontramos uma relação de (aproximadamente) 80/20 entre fatores de causa e efeito. Por exemplo:

- 80% da receita de vendas provém de 20% dos clientes;
- 80% dos problemas são causados por 20% das pessoas;
- 80% dos resultados vêm de 20% das atividades.

Com isso em mente, você pode começar a entender a importância de focar os 20% que precisam ser atendidos a qualquer momento. Focar os 20% permite aos gerentes priorizar a maneira como usam seu tempo. Os novos gestores, muitas vezes inexperientes, costumam descobrir que sua agenda lota rapidamente porque tentam fazer tudo. A priorização de tarefas permite ao gerente realizar seu trabalho sem precisar passar sessenta horas por semana no escritório.

A regra 80/20 permite eliminar os problemas e concentrar-se nas áreas que precisam ser melhoradas. Ela também o ajudará a identificar os pontos fortes dentro de sua organização, bem como aqueles que têm alto desempenho e, por isso, são referência.

# DE "SER GERENCIADO" A GERENTE

De certo modo, tornar-se gerente é como ter um filho. Antes de sua promoção, você era responsável apenas por uma pessoa: você mesmo. Agora, precisa cuidar de outras pessoas: seus colaboradores e membros da equipe. As decisões que você tomar os afetarão – e afetarão a carreira deles.

Então, como fazer a transição de um bom trabalhador com resultados sólidos – que o levaram à promoção – a gerente que influencia outros a alcançar o mesmo nível (ou maior) de sucesso?

O primeiro passo é *gerenciar a si mesmo*. Isso inclui atitudes óbvias como manter-se saudável, alimentar-se e dormir bem; ser responsável por suas ações; dar o melhor de si; ser um bom ouvinte; e outros conceitos discutidos neste livro. Como gerente, você liderará pelo exemplo e dará o tom para todo o seu departamento. Suas responsabilidades incluem motivar a sua equipe a trabalhar da melhor maneira possível e moldá-la, de modo que seja uma unidade coesa que faça o trabalho.

Assim, você vai querer estabelecer um padrão de excelência pessoal ao fazer um treinamento adicional (e encorajar sua equipe a fazê-lo também); aprender novas habilidades, tais como falar em público (mesmo que você tenha medo); e ser positivo. Esta última é especialmente importante para obter a cooperação dos membros da equipe, que devem sentir que você é leal e uma pessoa em quem podem confiar. Eles também precisam estar à vontade para aproximar-se de você com ideias e certos de que você agirá de acordo com o feedback e as sugestões deles.

---

"Na maioria dos casos, ser um bom chefe significa contratar pessoas talentosas e depois sair do caminho delas."

— Tina Fey, *A poderosa chefona*

---

Os colaboradores fazem seu melhor quando trabalham para alguém em quem acreditam e a quem podem recorrer. Eles também esperam que você seja mais do que competente em sua área de especialização, ou mesmo que esteja na vanguarda dela. Posto isso, você também precisa reconhecer suas fraquezas e as deles, assim como definir áreas de melhoria e crescimento.

# ENTENDENDO A CULTURA CORPORATIVA

Como as coisas são feitas

Com frequência, a cultura organizacional é definida como "a maneira como fazemos as coisas por aqui", e reflete a personalidade, as atitudes, as experiências, as crenças e os valores da organização. Uma empresa é como um organismo vivo, tão individual quanto um floco de neve. Para ser um gestor de sucesso, é essencial que você compreenda a cultura da empresa onde trabalha e aja de acordo com ela, não contra ela.

Coisas simples podem, muitas vezes, atrapalhar o caminho do gerente iniciante que não é "versado" na cultura da organização. Os perigos incluem: quem copiar ou não copiar em um e-mail; quando e se deve ignorar a hierarquia; como agir quando você for cobrado diretamente pelo chefe de seu chefe; qual tom adotar em comunicações por escrito e em reuniões (se direto ou "político"); e como agir em eventos sociais (beber ou não beber, sentar-se próximo de quem etc.). Esses são apenas alguns exemplos do que um gerente iniciante deve saber.

Muitas teorias explicam a cultura corporativa. Uma das mais perspicazes e comumente adotadas é a de Ed Schein, professor do Massachusetts Institute of Technology (MIT). Segundo ele, a cultura corporativa existe em três níveis cognitivos. No primeiro nível, ou "superfície", estão os atributos que podem ser vistos pelo observador externo – layout físico da empresa; código de vestuário; como os colaboradores interagem entre si; as políticas, os procedimentos e a estrutura organizacionais. O próximo nível, "médio", consiste na cultura declarada da empresa: sua missão, seus slogans e valores reconhecidos publicamente. No terceiro e mais profundo nível, estão as suposições tácitas da organização, as "regras não ditas" que raramente são reconhecidas de maneira consciente até mesmo pelos colaboradores. Nesse nível, estão os tabus e, às vezes, elementos contraditórios da cultura da empresa.

Não apenas os gerentes devem entender esses três níveis como também precisam saber navegar no complexo e muitas vezes conflitante terceiro nível, uma tarefa que requer enorme tato e sensibilidade. É no terceiro nível que os gestores enfrentam seu maior desafio. Ignorar ou burlar as regras e os tabus não falados da empresa é atrair para si problemas e resistência por parte de colaboradores e outros gerentes. A melhor maneira de evitar esses deslizes é encontrar um colega de trabalho ou outro gestor que possa ajudá-lo a entender as nuances mais sutis das práticas aceitas. Também ajuda ser observador e, especialmente no início, ser um bom ouvinte antes de emitir opiniões.

## As quatro culturas

É útil entender com que tipo de cultura organizacional se está lidando. Terrence Deal e Allan Kennedy, em seu livro *Corporate Cultures* [Culturas corporativas], descrevem quatro tipos diferentes de cultura.

- Cultura de muito trabalho, muita diversão (feedback/recompensa rápidos e de baixo risco – empresas de software e restaurantes).
- Cultura de valentão (feedback/recompensa rápidos e de alto risco – polícia, unidades médicas, esportes).
- Cultura de processo (feedback/recompensa lentos e de baixo risco – bancos, seguradoras).
- Cultura de apostar a empresa (feedback/recompensa lentos e de alto risco – fabricantes de aeronaves, empreendimentos de internet).

Como gerente, você deve apoiar de todo coração a cultura de sua empresa, mesmo que não concorde com partes dela. É mais fácil realizar uma mudança se ela for percebida como amigável e partir de dentro da organização, e não de uma força externa potencialmente hostil, como um consultor externo ou resultante de uma aquisição corporativa.

## DEFININDO SEU PAPEL – SAIBA CLARAMENTE O QUE VOCÊ PRECISA FAZER

Ao contrário da cultura organizacional, a declaração de missão de uma empresa é clara. Ela transmite ao mundo o que a empresa é e o que ela espera realizar. Como gestor, é interessante que você crie sua própria declaração de missão, mesmo que tenha herdado o projeto ou departamento de outra pessoa. Se for uma nova empreitada, você precisará enfrentar o desafio de criar algo do zero. Antes de tudo, a sua missão como gestor deve refletir e reforçar a missão da empresa. Independentemente disso, desenvolva junto à sua equipe uma declaração que reflita os ideais do grupo.

Uma declaração de missão eficaz deve conter o seguinte:

- A finalidade e os objetivos do departamento.
- Sua filosofia básica.
- O planejamento de como servir aos clientes e à comunidade em geral.
- As normas do departamento.
- Como o departamento fará a diferença e se encaixará no ambiente.

Escrever uma missão eficaz não é nada fácil na prática. Ela deve resumir os princípios e ideais em apenas algumas frases, como no exemplo a seguir.

**A missão, a visão e os valores do Centro Médico Wexner da Universidade Estadual de Ohio**

Todas as áreas de nossa organização são impulsionadas por nossa missão: melhorar a vida das pessoas por meio da inovação em pesquisa, educação e atendimento ao paciente.

Também compartilhamos uma visão comum: trabalhando em equipe, moldaremos o futuro da medicina, criando, disseminando e aplicando novos conhecimentos, bem como personalizando o atendimento na área de saúde, a fim de suprir as necessidades de cada indivíduo.

Nossos valores são centrais para o cumprimento de nossa missão e visão: integridade, trabalho em equipe, inovação, excelência e liderança.[1]

Uma missão sólida e bem elaborada o ajudará a informar suas metas como gerente, expor as motivações do seu departamento e estabelecer seus objetivos.

# DEFININDO SEU ESTILO DE GESTÃO

A pergunta de 1 milhão de dólares que muitos gestores iniciantes enfrentam é esta: como devo liderar? Para começar a responder a essa pergunta, é importante conhecer os estilos de liderança mais comuns.

- Um líder autocrático toma todas as decisões, mantendo as informações e a tomada de decisões entre a alta gerência.

---

[1] Fonte: Centro Médico Wexner da Universidade Estadual de Ohio © 2007. Usado com permissão do Centro Médico Wexner da Universidade Estadual de Ohio.

- Um líder paternalista toma decisões de maneira autoritária segundo o que percebe ser de interesse dos colaboradores.
- Um líder democrático permite que os colaboradores participem da tomada de decisões, e tudo é determinado pela maioria.
- Um líder laissez-faire assume um papel periférico, permitindo que os colaboradores administrem suas próprias áreas de responsabilidade.

Nenhum desses estilos é o "certo". Gestores podem adotar qualquer um deles. Você talvez se sinta mais confortável com um estilo ou, o que é mais comum, uma combinação de estilos. O estilo certo depende da cultura da empresa ou do que a situação pede.

Também é importante entender o que motiva seus colaboradores. Décadas atrás, o papel do gestor era quase punitivo, uma vez que os gerentes deveriam "obrigar" os colaboradores a realizar as tarefas, pois se acreditava que eram trabalhadores preguiçosos, cujo único foco era receber o salário no final do mês. Essa "velha escola" de pensamento, conhecida como Teoria X, foi desenvolvida pelo falecido Douglas McGregor, professor de gestão no MIT. De acordo com essa teoria, os colaboradores são como crianças indisciplinadas que necessitam de supervisão constante. O gerente culpa alguém quando as coisas dão errado.

McGregor também desenvolveu a Teoria Y, que abarca a outra ponta do espectro. De acordo com essa teoria, os colaboradores veem o trabalho como uma parte natural da vida. Eles não somente aceitam a responsabilidade mas também abraçam seus aspectos físicos e intelectuais. Portanto, os colaboradores devem ter total liberdade para desempenhar o melhor de suas habilidades sem restrições nem punições.

Extremistas, ambas as teorias têm seus problemas. Na Teoria X, a administração é por medo e intimidação, atitude que não gera lealdade nem resultados a longo prazo. Esse estilo de gestão limita o desenvolvimento de ideias, pois o gerente supõe ter todas as respostas e que essas respostas são sempre corretas e melhores.

A Teoria Y pode causar uma falha na comunicação, pois os gerentes hesitam interferir e receiam ferir os sentimentos dos colaboradores. Sendo a natureza humana como é, nessa teoria, os colaboradores podem tirar proveito dos gerentes.

Obviamente, a melhor abordagem de gestão é o meio-termo, uma combinação de "rigidez" e "maleabilidade", às vezes precisando adotar um dos extremos. No entanto, esses modelos continuam sendo úteis para descobrir óticas eficazes de gestão e tratar de questões de desenvolvimento organizacional.

# GERENCIANDO EXPECTATIVAS

O que você e seus colaboradores querem?

As pessoas trabalham por inúmeros motivos, mas a maioria deles se resume a três principais: elas querem se entreter, se sentir valorizadas e ganhar dinheiro. A descrição do emprego que cobre essas necessidades pode ser lida como: "Nossa empresa oferece uma vaga para um trabalho desafiador, com oportunidades de crescimento na carreira e uma ótima remuneração, além de benefícios diversos".

O colaborador entusiasmado que se candidata à vaga talvez pense: "Finalmente, um emprego que me permitirá usar minhas habilidades e meus conhecimentos de modo que me satisfaça! Enfim, uma empresa que verá meu potencial e onde poderei crescer, além de me remunerar com um salário com o qual poderei arcar com as parcelas de um carro novo!".

## A importância da interação social

Os colaboradores, muitas vezes, esperam que seus empregos proporcionem certo nível de interação social. Trabalhar é uma chance de se reconectar com amigos e conhecidos. E seres humanos precisam dessa interação. Na maioria dos casos, tal necessidade não é incompatível com produtividade e eficiência. As pessoas trabalham melhor quando estão felizes, e interagir com os outros é uma maneira de ser feliz. O desafio para os gestores é manter essas interações apropriadas para o local de trabalho.

No geral, as expectativas de um colaborador são concisas e claras. Ele quer uma remuneração razoável, tarefas razoáveis, horários razoáveis e um nível razoável de respeito. A definição de "razoável", entretanto, é diferente para cada um e muda ao longo da carreira. Uma pessoa jovem e solteira, no início de sua vida profissional, talvez esteja ansiosa por oportunidades de viajar e disposta a trabalhar longas horas para finalizar projetos complexos. Já para alguém casado e com família, as viagens a trabalho e horas extras podem ser motivo de ressentimento devido às interferências que vão causar em sua vida pessoal.

Embora as expectativas variem entre os indivíduos, três necessidades básicas são comuns para a maioria das pessoas:

1. Trabalhar com algo interessante e que lhe traga realização;
2. Sentir que o trabalho oferece estabilidade financeira;
3. Crescer em direção ao potencial pessoal.

As expectativas de um profissional começam com o anúncio de emprego. Alguém – uma pessoa que conhece bem a habilidade técnica necessária para a posição e o ambiente de trabalho dela – tenta resumir os requisitos do cargo em cem palavras ou menos. Isso pode ser um desafio, mesmo para as vagas de nível básico às quais as pessoas se candidatam para ganhar experiência. A maioria das descrições de cargos inclui certa "ambiguidade planejada", a fim de acomodar as rápidas mudanças no mundo dos negócios.

Normalmente, isso beneficia tanto a empresa quanto o colaborador. Os empregadores precisam ser capazes de mudar um cargo para atender a novas necessidades. Os trabalhadores geralmente apreciam a oportunidade de aprender novas habilidades e ter novas experiências. Tanto gestores quanto colaboradores que estabelecem expectativas rígidas com base na descrição do cargo no momento da contratação provavelmente resistirão às mudanças que surgirem. Isso pode causar confrontos raivosos e insatisfação de ambos os lados.

# EXPECTATIVAS, CLAREZA, FEEDBACK E JUSTIÇA

O que você acha que seus colaboradores esperam de você como gestor? Selecione as declarações que acredita serem verdadeiras em relação a você.

Meus colaboradores esperam que eu...

- saiba o que eles querem, mesmo que não digam nada;
- entenda que eles têm vidas para além do trabalho e que, às vezes, isso interfere no rendimento;
- resolva as coisas por eles ou interceda quando não são capazes de concluir a tempo as tarefas designadas;
- esteja disponível a qualquer hora do dia para responder a perguntas e resolver problemas;
- os trate com justiça, o que eles definem como considerar toda e qualquer circunstância atenuante antes de julgar ou tomar medidas;
- os ajude a adquirir novas habilidades, mesmo que isso signifique que se tornarão qualificados para diferentes trabalhos;
- advogue por eles quando tiverem necessidades que dependem da aprovação da alta administração;
- os leve ocasionalmente para almoçar ou lhes dê guloseimas como uma demonstração de apreço pelo bom trabalho que fazem;
- dê a eles todo o crédito pelo sucesso do departamento e assuma toda a culpa pelas deficiências do departamento;
- lembre sempre que são apenas humanos, mas nunca revele essa verdade sobre mim mesmo.

A maioria dos gerentes selecionará sete ou oito dessas expectativas, rindo de algumas e grunhindo de frustração com outras. Algumas não são muito razoáveis ou realistas, enquanto outras são essenciais. Algumas parecem egoístas – e são. Mas todas, em algum momento, são válidas.

Outra responsabilidade sua que você talvez não tenha considerado é que, embora seus colaboradores esperem que você os defenda em relação às decisões da direção, também esperam que você esteja atento aos problemas que surgem entre eles. Se um membro da equipe está causando problemas para os outros, você deve mergulhar na questão até que uma solução aceitável seja encontrada. Considere o seguinte cenário.

Eve era uma programadora brilhante. Ela era ótima em ouvir as necessidades de um cliente e depois produzir exatamente o que o cliente precisava. Mas Eve não trabalhava bem em equipe. Ela preferia fazer as coisas sozinha; queria ir embora para fazer seu trabalho e voltar com o produto final.

O departamento de Eve era organizado em equipes, com uma estrutura que encorajava e apoiava a colaboração. Quando seus colegas a confrontaram sobre assumir projetos e não contar a ninguém o que ela estava fazendo ou não deixar que alguém se envolvesse, Eve adotou uma atitude completamente oposta e começou a delegar tudo. Ou ela tomava todas as tarefas para si, ou as deixava para os colegas – não havia meio-termo.

Em resposta a reclamações de outros integrantes da equipe, o gerente de Eve começou a documentar os problemas. Ele se sentou com ela, identificou as dificuldades e delineou uma maneira de resolver as coisas. Eve concordou com o plano, e por um tempo tudo correu bem. Eve participou de reuniões de pessoal, apresentou seus projetos à equipe e até pareceu animada para trabalhar em colaboração com seus colegas.

Infelizmente, o acordo logo foi rompido. Em vez de discutir suas ideias, Eve saía das reuniões. Em poucas semanas, ela estava novamente em um extremo ou no outro. Seu gestor teve que decidir se a manteria ou se a demitiria. A empresa sofreria muito por perder suas habilidades (especialmente se Eve as levasse a um concorrente), mas manter essa colaboradora provavelmente significaria perder todos os outros, e isso também não era uma opção muito interessante.

Por fim, após consultar os executivos da empresa, o gerente de Eve ofereceu-lhe a oportunidade de trabalhar de casa. Ela recebeu tarefas e prazos específicos, e o gestor e os colegas de Eve elaboraram um sistema infalível de comunicação. Eve ia ao escritório periodicamente, em geral para se encontrar com clientes, e isso se tornou a solução perfeita. A colaboradora estava feliz, a empresa estava feliz, o grupo de trabalho estava feliz, os clientes estavam felizes.

Nunca houve problemas em relação à qualidade do trabalho de Eve, apenas ao seu estilo de trabalho. O pensamento inovador e a vontade de tentar algo diferente salvou uma profissional altamente produtiva e talentosa, dando à empresa uma forte vantagem competitiva no mercado. Ao mesmo tempo, o gestor de Eve prestou atenção às preocupações dos outros colaboradores. Foi uma vitória para todos.

Esse incidente mostra o valor de tratar os colaboradores como indivíduos. Empresas atraem pessoas de tudo quanto é tipo – ainda mais com a mão de obra diversificada de hoje. É importante não tentar empurrar alguém para um lugar na organização onde ele simplesmente não se encaixa. No caso de Eve, o gerente encontrou uma solução apropriada para a colaboradora e vantajosa para a empresa.

Comece determinando quais expectativas seus colaboradores têm em relação a você. Não pressuponha que todas serão as mesmas; elas vão variar de pessoa para pessoa. Depois reveja suas próprias expectativas – de novo, elas são diferentes para cada pessoa.

# COACH

Trazendo à tona o melhor dos outros

É provável que você se lembre de um coach que teve em algum momento no passado. Talvez ele tenha sido um treinador que o impulsionou a correr mais rápido ou saltar mais longe do que você pensava ser possível, ou um técnico de natação que o levou até o limite de sua resistência. Sejam lembranças boas ou más, são lembretes poderosos de que uma única pessoa pode ter influência duradoura na vida de muitas outras.

Como gestor, você deve se concentrar nas necessidades e capacidades de cada indivíduo em sua equipe. Como coach, você deve reunir pessoas de diversos níveis de habilidade e origens para trabalhar como uma equipe unificada de tal modo que a sinergia entre elas gere um produto ou resultado que supere as habilidades de cada indivíduo. Parece responsabilidade demais? E é! Mas não passa de um reforço contínuo do que os colaboradores estão fazendo e aprendendo.

A lista de atribuições de um coach eficaz é grande:

- Fornece feedback oportuno e específico. "Bom trabalho!" é bom de ouvir, mas diz pouco; "Você argumentou muito bem em sua proposta!" permite que o profissional saiba no que se destacou.
- Estabelece padrões e objetivos desafiadores o suficiente para fazer com que os colaboradores se empenhem, mas não desafiadores a ponto de serem impossíveis de alcançar.
- Diz a verdade com gentileza e carinho – mas, ainda assim, diz a verdade.
- Compartilha ideias e oferece sugestões, mas resiste a dizer aos colaboradores como realizar as tarefas.
- Ensina as pessoas a cozinhar em vez de levá-las para jantar, metaforicamente falando.

- Ajuda as pessoas a olhar os problemas de um novo ponto de vista para que possam compreender os desafios no contexto de toda a empresa e não apenas no seu próprio.
- Responsabiliza os colaboradores por seus compromissos e objetivos.

Bons coaches inspiram lealdade e respeito, características cada vez mais raras no local de trabalho. Como você se torna um bom coach? A maneira mais eficaz é observar um em ação. Se você sente que seu local de trabalho está carente de tais modelos, assista a algumas partidas de esportes em equipe. Você presenciará bons treinadores, maus treinadores e treinadores medíocres em ação, e ainda verá como os times respondem aos seus métodos.

## A ascensão dos consultores

Não demorou muito para que o mundo dos negócios adaptasse os conceitos de coaching para uso no ambiente de trabalho. Milhares de consultores oferecem serviços de coaching empresarial que visam à motivação de equipes e indivíduos, de modo a melhorar a eficiência e aumentar a produtividade. Os coaches de negócios cobram de várias centenas a vários milhares de dólares por dia por seus serviços. Como saber se vale a pena o investimento? Pesquise e verifique as referências desses profissionais.

# MENTOR

Guia de confiança

Embora consideremos a mentoria como um conceito moderno, o Mentor original surgiu no clássico da mitologia grega *Odisseia*, de Homero.

Quando Odisseu vai para a guerra, ele nomeia seu amigo íntimo Mentor para cuidar de sua família e de sua casa, incluindo sua esposa, Penélope, e seu filho Telêmaco. Quando Odisseu é preso, a deusa Atena se disfarça de Mentor, a fim de incentivar Telêmaco a proteger a mãe das investidas de pretendentes gananciosos que estão atrás das riquezas de seu pai. Quando Odisseu finalmente volta para casa depois de vinte anos, Mentor o ajuda a conceber o "teste" pelo qual Odisseu prova a Penélope que é, de fato, seu marido havia muito desaparecido. Mentor também faz aparições em outros mitos gregos, muitas vezes com o disfarce útil de um deus ou deusa.

Os mentores de hoje são pessoas comuns que tiveram um sucesso extraordinário ajudando outros a alcançar seus objetivos. Na maioria dos casos, a mentoria não é uma prática oficial, embora algumas empresas tenham estruturado programas de mentoria a fim de preparar potenciais gerentes e executivos de alto nível. O mais comum é que uma pessoa com experiência se interesse pela carreira de um subordinado e o adote como pupilo. Um mentor ajuda um colaborador a

- Estabelecer metas de longo prazo e objetivos de curto prazo;
- Explorar novas direções para alcançar os objetivos;
- Identificar seus pontos fortes e fracos;
- Encontrar maneiras de se desenvolver e crescer.

Um dos métodos mais eficazes de tutoria é aquele em que o mentorado passa a ser a "sombra" do mentor. Você, mentor, coloca o colaborador em situações em que ele pode observar suas ações, ou as de outros, sem participar delas. Ele pode participar de uma conferência telefônica ou de uma reunião de vendas, por exemplo, ou ler e discutir um relatório que você tenha escrito, ou acompanhá-lo a um evento onde você esteja fazendo uma apresentação. Essas lições são muito mais eficazes do que quaisquer explicações que você possa oferecer. Elas não apenas permitem que seu colaborador veja o mestre em ação como também mostram que o mestre ainda é humano. Se você é excepcionalmente bom no que faz, é porque aprende com seus erros, bem como com seus acertos. Quanto melhor você for, menos incrementos serão necessários. Essas são sutilezas difíceis de transmitir de qualquer outra maneira.

## "Diga-lhes o que fazer"

Considere este valioso conselho oferecido pelo general George S. Patton, do Exército dos Estados Unidos: "Nunca diga às pessoas como fazer as coisas. Diga-lhes o que fazer, e elas o surpreenderão com sua engenhosidade".

A mentoria vai além do ensino, pois depende do estabelecimento de uma relação de relativo longo prazo, girando em torno de compartilhamento e respeito mútuo. Um mentor compartilha conhecimento e sabedoria – há uma linha tênue, mas crucial, que distingue esses dois saberes. Enquanto o conhecimento pode ser aprendido, a sabedoria deve ser vivenciada. Conhecimento é ter as palavras certas; sabedoria é saber como e quando dizê-las – e quando guardá-las para si.

# PROFESSOR

Ensinando novas habilidades

Um professor é alguém com habilidades e conhecimentos especializados que tem a capacidade de compartilhar essa experiência com outros. Um bom professor melhora tanto o aluno quanto a empresa. Mas nem sempre é fácil para um professor-gestor encontrar um equilíbrio entre "vou mostrar como se faz" e "saia do caminho que eu mesmo vou fazer isso".

Uma pequena empresa de software contratou Miguel para a área de Relações Públicas (RP). A empresa escolheu Miguel porque ele era bom em explicar conceitos técnicos para pessoas não técnicas. No entanto, Miguel nunca havia usado suas habilidades para escrever materiais de marketing, e sua estreia no novo trabalho não foi tão espetacular. Na verdade, foi um pouco desanimadora.

Depois de riscar de caneta vermelha todas as primeiras tentativas de Miguel, a gerente dele o chamou à sala. Durante o resto da tarde, ela se tornou a professora de jornalismo dele. Ela explicou e demonstrou os princípios básicos do jornalismo. Mostrou como estabelecer esses princípios – quem, o quê, onde, quando e por quê – no primeiro parágrafo de praticamente qualquer coisa que ele escrevesse. Ela lhe mostrou como fazer citações que seriam aprovadas em uma reunião com executivos de empresas, como colocar na boca deles palavras que desejariam ter realmente dito (e diriam, depois de ler os releases para a imprensa).

Essa gestora poderia muito bem ter demitido Miguel. Afinal, ele fora contratado para escrever releases para a imprensa e não estava fazendo um bom trabalho. A gerente poderia tê-lo repreendido por seu desempenho inaceitável e colocado uma observação em seu arquivo pessoal.

Mas ela não fez isso. Ela pôs sua toga de professora e transformou seu escritório em uma sala de aula. Ela não só mostrou àquele colaborador o que queria que ele fizesse como também lhe ensinou as habilidades necessárias para aplicar a mesma lição a outras situações. Durante algumas semanas, a gestora continuou a se reunir com ele para definir a estratégia de cada novo comunicado à imprensa.

Miguel escrevia o texto e depois se sentava com a gerente para revisá-lo. Em poucos meses, ele estava recebendo elogios de executivos seniores. Não apenas o nível de habilidade do colaborador melhorou bastante como também sua autoconfiança cresceu. Ele até se matriculou em um curso noturno de educação continuada em uma faculdade local para aprimorar ainda mais suas habilidades de escrita.

---

"A boa gestão consiste em mostrar às pessoas comuns como fazer o trabalho de pessoas superiores."

— John D. Rockefeller, estadunidense magnata do petróleo

---

Nem todas as situações terminam em tamanho sucesso, é claro. Algumas pessoas resistem à sugestão de que precisam passar um óleo nas habilidades enferrujadas ou aprender novas. Alguns gestores perdem a paciência quando as melhorias não são imediatas e vigorosas. Outros sabem o que esperam de seus colaboradores, mas não sabem como expressar suas necessidades de modo que seus colaboradores entendam. Se a toga de professor não lhe servir muito bem, considere as seguintes alternativas (conforme seu orçamento permitir):

• Contrate consultores para conduzir workshops ou seminários para sua equipe ou seu departamento.

- Ofereça treinamentos aos seus colaboradores (com todas as despesas pagas, é claro).
- Reembolse, ou compense de outro modo, os colaboradores que fazem cursos que aprimoram suas habilidades profissionais.

# PAIS

Colocando limites

Muitos veem o local de trabalho como um lar alternativo e as pessoas de lá como membros substitutos da família. Afinal, você passa mais horas acordadas no trabalho do que em casa ou em qualquer outro lugar. Os colegas de trabalho são pseudoirmãos ou pseudocônjuges. E os gestores se tornam – você adivinhou – pseudopais.

## Criando fronteiras

Assim como os pais precisam estabelecer limites e suporte para seus filhos em casa, os gerentes precisam estabelecer limites e suporte organizacional para seus colaboradores na empresa. Como gestor, é seu trabalho dizer aos colaboradores o que eles podem e não podem fazer. Você – e eles – não devem ver isso como algo excessivamente restritivo. Ao contrário, o importante é a maneira como você consegue fazer com que eles se concentrem no trabalho.

---

Assim como você pode ter que dizer a seu filho de 10 anos que pare de cuspir pela janela do carro, talvez você precise falar a uma assistente administrativa de 32 anos que ela não pode xingar ao telefone ou a um representante de vendas de 50 anos que ele não pode fazer a barba durante a reunião de equipe da manhã. Dar-se ao trabalho de repreender comportamentos como esses pode parecer mesquinho e contraproducente – e às vezes é. No entanto, as pessoas testam os limites só para ter certeza de que eles ainda estão em vigor. Todos precisam sentir que há certo nível de estabilidade em sua vida e, ao estabelecer limites, você proporciona à sua equipe essa estabilidade.

No papel de gerente-pai ou gerente-mãe, você muitas vezes treinará seus colaboradores em comportamentos básicos. É diferente de ensinar-lhes habilidades. Talvez você precise lembrar repetidamente aos membros da sua equipe que perguntem aos clientes se há algo mais que possam fazer por eles antes de correrem para atender a próxima ligação, assim como em casa você talvez tenha que lembrar repetidamente aos seus filhos que desenrolem as meias antes de colocá-las no cesto da roupa suja. Além disso, seu papel de gerente-pai ou gerente-mãe pode, com frequência, compeli-lo a reforçar os valores essenciais e os comportamentos bons, tais como priorizar os pedidos dos clientes, mesmo quando isso exige a interrupção de outras tarefas.

Às vezes, ser pai também é escutar com atenção. Pode significar lidar com reclamações, até mesmo algumas lamúrias, enquanto ouve as entrelinhas para entender os verdadeiros problemas. E, às vezes, adotar a postura de pai ou mãe significa ser firme e dizer: "Sim, eu entendo que é muita coisa para fazer".

## O relacionamento é bom?

Um artigo de 2016 do site The Balance (www.thebalance.com) sugeriu que o respeito está no topo da lista do que os colaboradores querem em seus empregos: "Parte desse respeito é elogio e feedback para que as pessoas saibam como estão desempenhando suas funções". O relacionamento entre equipe e gestão é fator-chave para que os colaboradores permaneçam na empresa ou peçam demissão.

Quando você adota efetivamente seu papel de gerente-pai ou gerente-mãe, pode esperar que seus colaboradores:

- Conheçam e sigam as diretrizes e os procedimentos estabelecidos;
- Compreendam que existem consequências claras e consistentes para quem extrapolar os limites;
- Aceitem a responsabilidade de cumprir os cronogramas do projeto em vez de apontar o dedo para os outros se as coisas derem errado;

- Sintam-se confortáveis em procurá-lo com problemas ou preocupações;
- Respeitem você, mas não o temam.

Lembre-se, porém, de que você não é, claro, realmente pai ou mãe de seus colaboradores, e a equipe não é realmente uma família. Há diferenças importantes, e muitas se baseiam em desempenho. Seus colaboradores são adultos e, por isso, têm direitos e responsabilidades como tais. Não é bom para eles, a longo prazo, que você tome decisões em seu lugar como poderia fazer por seus filhos. Os membros da sua equipe foram contratados para realizar determinadas tarefas e atingir objetivos específicos. Você talvez esteja fazendo uso do seu papel de pai ou mãe por tempo demais se alguma destas coisas ocorrer:

- Você observa os colaboradores sentados em sua sala, mais uma vez discutindo, e percebe que, se eles fossem mais jovens, estariam acusando um ao outro de dedo-duro.
- "Ninguém me disse que eu tinha que fazer isso" é uma frase já comum nas reuniões de equipe.
- Os colaboradores pedem permissão para ir ao banheiro ou fazer uma pausa.
- Nenhuma tarefa é concluída sem visitas repetidas à sua sala para se ter certeza de que está sendo feita corretamente.
- Você dá desculpas a seus superiores quando os membros da sua equipe não conseguem concluir os projetos dentro do prazo ou corretamente.

## ENCONTRANDO EQUILÍBRIO

Um momento em que você se verá exercendo o papel de pai ou mãe será quando precisar buscar um equilíbrio entre as pessoas e as diferentes tarefas. Atuar como mediador é um território familiar para muitos gestores que acreditam que tudo o que fazem é apenas ajudar os profissionais a encontrar um meio-termo. Você pode ajudá-los a resolver discordâncias entre si; investigar disputas entre clientes e colaboradores; ou negociar diferenças entre as prioridades da alta administração e as necessidades da sua equipe.

A mediação é mais eficaz (e bem-sucedida) quando é um processo de colaboração em vez de compromisso. Isso é mais do que um simples jogo de palavras. "Colaboração" vem do latim *collaborare*, que significa "trabalhar em conjunto". E o meio-termo implica abrir mão de algo de valor ou de um ponto de vista que lhe é estimado para chegar a um acordo. Essas implicações são importantes porque estabelecem o tom para a discussão. Poucas pessoas ficam felizes quando o meio-termo significa que recebem menos do que esperavam ou desejavam, mas a maioria fica agradavelmente surpresa ao receber mais.

A mediação é mais eficaz quando você tenta:

- Concentrar-se em objetivos comuns e procurar uma base comum para ajudá-los a alcançar esses objetivos;
- Tratar todas as partes e seus pontos de vista com respeito;
- Propor soluções vantajosas para ambas as partes;
- Permanecer interessado, mas imparcial;
- Estabelecer um processo para avaliar o sucesso das soluções acordadas.

Se você for um mediador bem-sucedido, com o tempo, verá seus colaboradores criando esse equilíbrio por conta própria e será cada vez menos obrigado a intervir para mediar.

# LÍDER DE TORCIDA

Animando os colaboradores

As pessoas se preocupam com seus empregos e suas habilidades de completar novas tarefas e missões. Elas precisam de alguém (você) que as faça voltar a acreditar em si mesmas. Como gerente, uma parte importante do seu trabalho é motivar e entusiasmar seus colaboradores. Ser um animador de torcida demonstra que você acredita em sua equipe e na capacidade de sucesso dela.

Mas você tem que estar com esses pompons sempre a postos. Não é aceitável ficar sentado em sua sala a semana toda e depois aparecer com eles quando um relatório de produtividade lhe diz que seu departamento está correndo risco de não cumprir os prazos. Torcer só é eficaz quando seus colaboradores sabem que você realmente se importa – não apenas com projetos, tarefas e o cumprimento dos objetivos do setor mas também com cada um como indivíduo. E sua equipe só saberá que você de fato se importa se você estiver envolvido no processo todos os dias.

## Apropriando-se do processo

Muitos colaboradores resistem à iniciativa da empresa de torná-los "melhores" se perceberem que nada está mudando no ambiente de trabalho para apoiar esse "novo colaborador" que a alta administração deseja. Quando as empresas começam a envolver os profissionais nos processos de identificação de problemas e formulação de soluções, há um salto enorme na adesão desses colaboradores. Quando sentem que são parte importante do processo de melhoria, passam a apoiar com entusiasmo tais esforços.

Você assiste a eventos esportivos? Assiste às apresentações das líderes de torcida? (Tudo bem, pode admitir que sim.) Elas estão sempre interagindo com o público, não importa o que esteja acontecendo no campo ou na quadra. Cantam, dançam e sorriem, esforçando-se para permanecer conectadas com os espectadores. A missão delas é criar um brado de apoio extra, além daquele que os próprios jogadores podem gerar, um apoio que os motiva a dar o máximo de si. Mas os jogadores sabem que as líderes de torcida estão sempre presentes e que, mesmo quando o público aumenta, elas continuam ali, torcendo.

Esse também é o seu papel. Mesmo quando seus superiores – ou seus clientes ou consumidores – estão insatisfeitos com o trabalho e a produtividade de sua equipe, você precisa ficar ali ao lado, torcendo por ela. Se você se manteve ao lado dos seus colaboradores o tempo todo, eles também darão o melhor de si.

# A NECESSIDADE DE ESTRUTURA

Encontrando o equilíbrio

Nem todos, por mais criativos que sejam, conseguem trabalhar em um ambiente com estrutura mínima. Algumas pessoas não sabem como canalizar sua energia para tarefas com resultados mensuráveis. Outras desejam instruções específicas e se sobressaem assim em seus afazeres. Ocasionalmente, você terá colaboradores que precisam de uma estrutura externa, pois não conseguem trabalhar se não for dessa maneira.

Profissionais que precisam de muita estrutura para trabalhar necessitam de um gerente que esteja disposto a ser mais prático. Essas pessoas tendem a ter as seguintes características:

- São organizadas. As mesas e os espaços de trabalho estão sempre arrumados e são funcionais. Qualquer um poderia entrar no ambiente delas e encontrar um arquivo ou projeto.
- Chegam e saem na hora certa, e sempre a mesma, todos os dias. Muitas tendem sempre a chegar antes do horário.
- Seguem rotinas óbvias. Outros colaboradores quase sempre sabem onde elas estão e o que estão fazendo só por verem que horas são ou que dia é.
- Sabem para quando é um trabalho e em que fase do processo ele está e o cumprem a tempo, a menos que circunstâncias fora de seu controle intervenham.
- Lidam com projetos complexos, dividindo-os em etapas menores e lógicas. É comum manterem registros de status e progresso de seus projetos.
- São disciplinadas e se orientam pelas metas a serem cumpridas.
- Raramente quebram conscientemente as regras e se ressentem com quem o faz.

Cada empresa, independentemente dos produtos e serviços oferecidos, requer certa estrutura. Algumas funções e alguns departamentos, tais como contabilidade, estão vinculados a procedimentos estabelecidos para a condução do trabalho. Quem trabalha nesses setores geralmente (mas nem sempre) tem estilo de trabalho e personalidade compatível com esse nível de estrutura. Outras funções e outros departamentos requerem uma estrutura que apoie cronogramas de projetos e metas de produtividade. Tal estrutura pode exigir que você estabeleça com precisão prioridades, metas e tarefas.

# CARGOS ESTRUTURADOS

A espinha dorsal da estrutura é a comunicação eficaz. Os colaboradores precisam saber o que se espera deles e até quando. O que é mais importante? O que é menos importante? O que acontece quando as tarefas competem por pessoas, tempo e recursos? Algumas pessoas são boas em estabelecer prioridades, outras não. Às vezes os colaboradores têm dificuldade de estabelecer prioridades porque não estão familiarizados com o departamento, a empresa ou o setor. Não possuem contexto para aquele trabalho, portanto, não sabem qual tarefa realizar primeiro. *Tudo* se torna urgente em um ambiente assim. Como consequência, o que é finalizado é muitas vezes frustrantemente trivial, e o que é importante fica por fazer ou é esquecido por completo.

Como gestor, seu papel é ajudar os colaboradores que precisam se organizar a estabelecer prioridades e processos que os apoiem. Uma vez estabelecida a estrutura básica de prioridades, a maioria dos profissionais conseguirá então construir uma adicional em torno do que é importante. Costuma ser mais eficaz reunir-se com os membros da equipe individualmente, assim, você poderá avaliar a estrutura de que cada colaborador precisa.

"Gestão tem tudo a ver com administração a curto prazo, enquanto desenvolve os planos para longo prazo."

— Jack Welch, ex-CEO, General Electric

Comece definindo tarefas específicas e objetivos simples que devem ser alcançados até o final do dia. Certifique-se de que o colaborador tenha as ferramentas necessárias para completar os afazeres e saiba como utilizá-las. Em seguida, identifique problemas comuns que possam surgir e estabeleça um procedimento para lidar com eles. Alguns profissionais consideram útil ter um gráfico ou diagrama que esboce prioridades e processos, enquanto outros preferem apenas tomar notas.

Agende uma reunião para acompanhar o progresso do colaborador, a fim de discutir como ele realizou as tarefas e o que realmente foi concluído. É essencial que conversem sobre as expectativas, sobre o que funcionou e o que não funcionou. Estabeleça processos para identificar e lidar com emergências e mudanças inesperadas nas prioridades. A princípio, isso fará com que o colaborador o procure sempre que o trabalho se desviar do cronograma planejado. À medida que o profissional se tornar mais hábil em estruturar e ajustar prioridades, mude os procedimentos para diretrizes gerais de quando contatá-lo e quando proceder sem assistência.

## ADAPTAR E CRESCER

Esteja disposto a fazer reavaliações e adaptações. As pessoas crescem e suas necessidades mudam, e é essencial acompanhar as duas coisas. O que o próprio colaborador e o que você monitora deve evoluir com o tempo para que você, como gestor, desempenhe um papel menos direto na organização das atividades diárias de sua equipe.

Com o tempo, e à medida que o colaborador fica mais à vontade com a estrutura, designe tarefas diárias para a rotina dele, sendo o próprio colaborador responsável a incorporá-las na sua semana de trabalho para, assim, ter menos monitoramento da sua parte. Agende reuniões breves, mas regulares, ou outros processos para fornecer feedback e apoio. Você pode parar na mesa da pessoa toda terça-feira às 15 horas, pedir que gere relatórios de progresso diários ou semanais ou mesmo realizar reuniões de equipe.

## SOBRECARGA DE TRABALHO

Às vezes, a aparente incapacidade de um colaborador de concluir tarefas reflete uma sobrecarga de trabalho em vez de um problema de estrutura. Em tais situações, talvez seja necessário redistribuir as tarefas para aliviar a carga de trabalho. Você pode precisar realinhar as responsabilidades entre seus colaboradores atuais, contratar profissionais temporários para ajudar ou criar novas posições para acomodar essa carga de atividades crescente.

Cada colaborador tem uma necessidade de estrutura diferente. É importante que você, como gestor, permaneça em contato próximo com todos, a fim de que possa fazer ajustes na estrutura para manter os altos níveis de produtividade da sua equipe. Perguntar como cada profissional se sente é a maneira mais eficaz de estruturar o dia de trabalho. Ao adaptar a estrutura a cada um de seus colaboradores, você os ajuda a aderir ao processo. Eles se envolvem com aquilo porque é algo que ajudaram a criar.

# CONSISTÊNCIA É A CHAVE

Construindo confiança no local de trabalho

No local de trabalho, consistência é algo fundamental. Se você não for consistente em suas práticas, os colaboradores não vão confiar em você – nem uns nos outros. Uma maneira de garantir que todos estejam em sintonia é apresentar as políticas e diretrizes da empresa. Se a sua ainda não tem tais informações documentadas, não se limite a correr para seu computador e começar a escrever suas próprias políticas. Fale primeiro com seus superiores. Uma política escrita, mesmo enviada por e-mail ou passada como um memorando, representa a organização. O conteúdo dela pode ter implicações legais. Muitas empresas têm até políticas que esboçam o processo para escrever novas políticas e novos procedimentos ou revisar os existentes.

Não é nada muito glamoroso, mas, no final das contas, essa consistência é muito importante para os colaboradores, porque molda e apoia as expectativas deles.

Larisse foi gerente de uma empresa que bonificava os colaboradores a cada projeto concluído. Quando a empresa implementou a política pela primeira vez, o procedimento era simples: cada profissional tinha um projeto por vez, e cada projeto tinha um cronograma. Sempre que o colaborador cumpria o cronograma, ele recebia um bônus.

A empresa cresceu e seu mercado se sofisticou. Os projetos se tornaram mais complexos, e os colaboradores frequentemente lidavam com vários ao mesmo tempo. Para cumprir o cronograma, começaram a trabalhar juntos, cooperando para concluir os projetos. O sonho da gerente se tornou realidade, certo? Mas só até o vencimento dos bônus, quando tudo se transformou em um pesadelo. No início, a empresa tentou dividir as bonificações entre os vários profissionais que trabalharam no projeto. Isso funcionou apenas até os colaboradores começarem a reclamar que alguns fizeram a maior parte do trabalho, enquanto outros apenas contribuíram de modo simbólico.

Como não havia uma política formal da empresa sobre bônus compartilhados, Larisse ficou esgotada e estressada. Não tinha como ela ser consistente porque não havia uma estrutura para apoiar seus julgamentos e suas decisões. Os colaboradores começaram a sentir que a gestora era inconstante e arbitrária, mesmo que, muitas vezes, ela passasse horas analisando os registros de tempo gasto no projeto para determinar quais colaboradores haviam feito quais contribuições.

Embora a última coisa que Larisse queria fosse mais um conjunto de regras, ela por fim se sentiu compelida a pedir aos seus superiores uma política mais abrangente. Em um mês, todos receberam uma cópia das diretrizes novas e detalhadas para o pagamento de bônus. Houve o habitual resmungo enquanto todos dissecavam a mudança. Até Larisse considerou algumas diretrizes injustas. Mas ela aplicou a política de qualquer maneira, porque, como gerente, era seu trabalho. No final, essa consistência restaurou a harmonia e a produtividade. E Larisse encontrou grande paz de espírito, porque não precisava mais lembrar como havia lidado com a questão do bônus anteriormente nem tentar descobrir se as circunstâncias do projeto atual eram similares.

A consistência é crucial não só porque estabelece processos padronizados mas também porque afirma o senso de justiça. Mesmo que os colaboradores (ou gestores) discordem das políticas do departamento de Recursos Humanos (RH) da empresa ou dos processos do próprio setor, eles os aceitarão quando souberem que todos os outros também serão obrigados a isso.

# A IMPORTÂNCIA DE ESCUTAR

Seja um ouvinte ativo

O ciclo de comunicação alterna entre falar e ouvir. As trocas são às vezes longas, às vezes rápidas. É um processo de ida e volta, com cada participante desempenhando os dois papéis. Muitas pessoas veem a escuta como um ato passivo, quando, na verdade, é tão ativa quanto a fala. O problema é que, enquanto estamos ouvindo o outro, tendemos a pensar no que vamos dizer a seguir. Ou, então, nossa mente vagueia e começamos a pensar no que vamos cozinhar para o jantar, se os ingressos para o show ainda estão disponíveis, para quando estão marcadas as próximas vacinas da gata – prestamos atenção a qualquer coisa, exceto ao que o outro está dizendo.

## Encontre a linguagem corporal correta

Uma postura fechada implica uma mente fechada. Cruzar os braços em frente ao peito e cruzar as pernas é uma postura defensiva clássica que transmite a mensagem: "Não se meta comigo". Raramente essa é uma mensagem apropriada no ambiente de trabalho. Sua tendência a adotar tal postura pode ser um modo de se defender, um esforço subconsciente de se proteger de más notícias ou de um feedback negativo.

Assim como falar é mais do que proferir uma sequência de palavras, escutar é mais do que processar os sons que entram pelos ouvidos. Às vezes, a verdadeira mensagem está naquilo que não está sendo dito. É importante prestar atenção às entrelinhas para ouvir as mensagens não ditas. Esteja atento aos sinais e às indicações não verbais. Quando uma colaboradora fala: "Sim, eu não me importo em pesquisar essa informação" em um tom agudo e tenso, cruzando os braços no peito, o que ela realmente está lhe dizendo? Que já tem trabalho suficiente para ter que assumir tarefas mais demoradas? Que está com frio e queria ter trazido um casaco para a reunião? Que não suporta a responsável pelo banco de dados com quem terá que entrar em contato para solicitar as informações? Não dá para saber o que essa profissional de fato está dizendo sem fazer mais perguntas, mas você precisa entender que a resposta é mais do que as palavras que ela disse.

---

"A arte da escuta eficaz é essencial para uma comunicação clara, e uma comunicação clara é necessária para o sucesso da gestão."

— James Cash Penney, fundador da JC Penney

---

A escuta eficaz é uma atividade que requer sua atenção plena e focada.

- Empenhe sua mente em diminuir a velocidade de seu cérebro. Deixe-o ouvir cada palavra como se fosse um delicioso chocolate que você quer saborear até derreter na boca, permitindo que o sabor penetre em seus sentidos.
- Cuidado com a armadilha da familiaridade. Assim que as palavras começam a soar familiares, a busca por novas informações termina. "Já ouvi isso antes", diz sua mente, virando a atenção para outro lugar. Traga-a de volta! A maioria dos erros de escuta ocorre quando você supõe algo que não é verdade.
- Não cruze o limite da antecipação e faça pressuposições. Antecipar a resposta de alguém ou a próxima pergunta muitas vezes ajuda a moldar o objetivo da comunicação. Mas há uma linha tênue entre antecipar e pressupor, e pressupor quase sempre vai colocá-lo em apuros.
- Faça e mantenha contato visual, assim como quando você está falando. Isso mostra que está ouvindo e demonstra sinceridade. Também o ajuda a captar sinais não verbais.

- Não formule sua resposta nem discuta mentalmente enquanto a pessoa ainda estiver falando. Você não vai conseguir ouvir o outro se estiver ocupado escutando a si mesmo.

## Linguagem não verbal

As palavras são apenas uma pequena porcentagem do processo típico de comunicação – apenas 7%, aliás. A linguagem corporal e os sinais não verbais representam 55%, enquanto 38% é o tom de voz. Falta mais da metade do conteúdo da comunicação no diálogo que ocorre por telefone!

Ouvir de modo eficaz não significa que você tenha que deixar as conversas soltas, sem rumo. Você pode, e muitas vezes deve, direcionar o diálogo (ao menos no contexto profissional). Use pausas naturais para perguntar ou comentar algo, de modo a manter a conversa na direção certa. Aprenda quando pode interromper de maneira suave, mas eficaz. Estruture suas perguntas, faça com que sejam diretas, a fim de enquadrar o assunto e ainda permitir que a pessoa responda livremente: "O que aconteceu quando você abriu a gaveta e descobriu que todos os formulários foram invertidos?".

# TRABALHO EFICAZ EM EQUIPE

Trabalhando de modo coeso

Algumas pessoas se unem ou se dão bem desde a primeira vez que se encontram para formar uma equipe, enquanto outras trabalham juntas durante meses ou mais para acabarem sendo apenas individualistas e concorrentes. Montar uma equipe eficaz é parte planejamento e parte sorte. Assim como misturar produtos químicos produz resultados diferentes dependendo das substâncias e suas quantidades, combinar personalidades e estilos de trabalho resulta em efeitos variados. Inclusive, com frequência, falamos que a "química" entre os membros é fundamental para o sucesso do grupo. Muitas vezes, mudar alguém da equipe provoca alterações que vão muito além do papel e das responsabilidades daquele único membro.

## TRABALHO EFICAZ EM EQUIPE

Uma equipe é formada porque uma empresa contrata várias pessoas para realizar tarefas e projetos específicos. Uma equipe cresce quando essas pessoas trabalham juntas, aumentando sua eficiência e produtividade. Uma equipe é um organismo complexo que existe como entidade própria e também como um conjunto dos indivíduos que a compõem. Personalidades e estilos de trabalho influenciam significativamente a identidade coletiva da equipe. As equipes mais eficazes contêm personalidades e estilos de trabalho complementares, não necessariamente semelhantes. Em tal cenário, o todo se torna, de fato, mais do que a soma das partes: uma equipe. Os pontos fortes de cada pessoa se sobrepõem aos pontos fracos das outras.

Às vezes, equipes se formam em torno das responsabilidades do trabalho. Certas pessoas no marketing, como o pessoal de RP, são uma equipe natural, assim como o grupo de controle de produção ou de controle de qualidade na fabricação. Equipes também podem ser formadas por outras equipes, a fim de dividirem as responsabilidades entre si. Por exemplo, gestores podem reunir pessoas de diferentes cargos ou departamentos para analisar questões éticas, avaliar novas tecnologias ou ajudar um setor a implementar um novo processo ou uma nova metodologia. Tais equipes fazem com que seus membros interajam de novas maneiras, formando relacionamentos que vão além dos limites funcionais habituais, especialmente quando tais limites também separam grupos que competem entre si de alguma maneira. E, quando gerentes mantêm o hábito de reunir pessoas diferentes em várias equipes, os colaboradores aprendem a se adaptar melhor às mudanças, pois precisam rapidamente se unir para realizar algo.

## Manter o equilíbrio

Geralmente, a boa produtividade individual gera um bom desempenho de grupo. Quando cada membro está fazendo sua parte, o trabalho é finalizado. Além disso, as pessoas sentem que suas contribuições são valorizadas e valiosas. Mesmo com um ou dois membros fracos, a maioria das equipes consegue manter uma boa produtividade. No entanto, quanto mais acentuadas forem as disparidades na carga de trabalho e contribuição, menos satisfeitos ficam os membros daquele grupo – e isso influencia no desempenho da equipe, mesmo que alguns indivíduos dela sejam excelentes profissionais.

As equipes desenvolvem uma maneira não apenas de operar mas também de interagir. Forma-se uma cultura que estabelece as expectativas e os padrões do grupo. Cada membro passa a desempenhar um papel, e isso define e distribui a responsabilidade. Em algumas equipes, uma pessoa se revela líder, muitas vezes naturalmente; embora, em alguns casos, o gerente designe o líder. Em outras equipes, os membros compartilham papéis e responsabilidades de liderança. Ainda que a liderança compartilhada seja, em geral, mais eficaz na realização dos objetivos do grupo, isso é algo que depende da equipe – dos seus próprios objetivos e propósito, assim como das personalidades e dos estilos de trabalho de seus membros.

# ONDE VOCÊ SE ENCAIXA?

Como gestor, você não deveria ser o líder da equipe? Bem, sim e não. Você é o líder na medida em que é você quem tem autoridade para tomar decisões e, normalmente, será o responsável pelas ações, pelo desempenho e pela produtividade do grupo. No entanto, na maioria dos casos, o gerente não é membro da equipe. É quase impossível ser um membro dela e uma figura de autoridade ao mesmo tempo. Equipes são mais eficazes quando há uma distribuição relativamente uniforme do poder, de modo que cada membro sinta que está fazendo uma contribuição equitativa. Como gestor, seu papel é permanecer na periferia. Sua função é ter certeza de que todos conheçam suas responsabilidades, o próprio papel e o dos outros. E você precisará estar disponível para servir como facilitador, mediador, professor, mentor, líder de torcida, coach e pai – o que quer que o grupo precise.

### Guiando a equipe

Não há nada mais empolgante do que ver equipes em ação. No entanto, mesmo as que parecem se dar bem por conta própria precisam de orientação e, ocasionalmente, intervenção, a fim de ajudá-las a crescer e se desenvolver. É um ato de equilíbrio que requer atenção e ajustes constantes. Basta lembrar que o foco é a equipe, não você.

A ACME Industries era uma megacorporação. Os colaboradores frequentemente brincavam que era como se fosse sua própria cidadezinha; o campus corporativo cobria vários quilômetros quadrados e incluía creche, clínica de saúde, academia, vários refeitórios e até mesmo segurança privada que patrulhava os terrenos e as instalações. Havia muitas regras e restrições – algumas em toda a empresa, outras específicas a determinadas divisões, departamentos ou equipes.

Sheila gerenciava o departamento de educação, que era, ao mesmo tempo, um microcosmo e um refúgio da burocracia da empresa. A gestora tinha que aplicar regras e políticas corporativas, bem como manter o departamento no caminho certo, alcançando metas e objetivos. As políticas diárias, como período de férias e horário de trabalho, deviam ser consistentes com os procedimentos da empresa.

Sheila reconhecia que era importante que as pessoas sentissem que tinham algum controle sobre o próprio trabalho e também sobre o ambiente de trabalho. Embora a corporação fosse enorme e complexa, seu departamento só conseguiria cumprir as metas se seus colaboradores sentissem que eram mais do que apenas números. Sheila encorajava tanto a independência quanto o trabalho em equipe entre seus colaboradores e lhes dava a liberdade necessária para esse equilíbrio. Eles tinham que seguir as regras da empresa, mas podiam abrir exceções ocasionalmente para se adequarem às necessidades das tarefas e dos projetos. Os membros da equipe podiam trabalhar fora do campus, por exemplo, ou pedir delivery no almoço quando havia muito trabalho a ser feito. O departamento era, em muitos aspectos, um refúgio da rígida cultura corporativa.

As relações profissionais eram estreitas. Os colaboradores tinham um alto nível de confiança e um forte senso de pertencimento. Sabiam que Sheila acreditava em suas habilidades para lidar com projetos complexos de treinamento, bem como para resolver os desafios que poderiam surgir dentro do grupo. Sabiam também que Sheila estava disponível quando precisavam dela – para ajudar na solução de problemas, para se solidarizar quando as coisas ficavam estressantes e para ser uma caixa de ressonância para novas ideias. Como resultado, o departamento se destacava ao cumprir suas metas, bem como ajudava a corporação a atingir seus objetivos. Quase não havia abandonos de cargo, a rotatividade na equipe era muito baixa, e o departamento mantinha um cronograma de treinamentos que teria arruinado uma equipe menos eficaz. Sheila elogiava os esforços e as contribuições de seu departamento, tanto dentro dele mesmo, nas reuniões e nos contatos com outros superiores da empresa, como com seus colegas. Os membros da equipe dessa gestora sabiam que ela, e por extensão a empresa, os valorizava.

### Características de uma equipe eficaz

Equipes eficazes compartilham certas características. Primeiro, elas têm um claro senso de missão ou propósito, além de objetivos bem definidos. Para serem produtivos, os membros do grupo precisam saber por que estão trabalhando. Quando uma equipe conhece sua missão ou seu propósito (a razão de existir) e suas metas (o que desejam alcançar), é mais provável que seus membros se concentrem em atividades que os aproximem da conclusão de tarefas, de projetos, de produtos ou serviços.

## Eles precisam gostar uns dos outros para serem eficazes?

Por mais que desejemos pensar que o profissionalismo transcende questões mesquinhas como popularidade, a realidade é que pessoas que gostam umas das outras se dão melhor. Certamente uma equipe cujos membros possuem habilidades complementares pode ser competente e até mesmo produtiva sem a amizade para uni-los. No entanto, quando os colaboradores de um grupo se consideram amigos, não apenas colegas de trabalho, eles se empenham mais em seus afazeres em prol da equipe.

Segundo, equipes eficazes promovem respeito e apoio mútuos. É difícil ser inovador quando você nunca tem certeza de como os outros reagirão às suas ideias. Em equipes eficazes, os membros sabem que, mesmo que os colegas discordem, eles focarão suas objeções na ideia, não na pessoa que a apresenta. Cada indivíduo sente que tem o direito fundamental a um nível de confiança que impeça trapaças, fofocas e outros comportamentos negativos. Os colaboradores, em vez disso, encorajam de modo positivo e cooperam para atingir objetivos comuns.

Equipes eficazes mantêm uma comunicação aberta. Os membros do grupo se sentem confortáveis em compartilhar ideias e preocupações entre si, e também com você, o gerente. A comunicação acontece em vários níveis, desde conversas casuais até reuniões estruturadas. Embora cada nível tenha seus protocolos e suas normas, a abertura é essencial. Inerente a tal comunicação, está a capacidade de resolver desentendimentos, conflitos e problemas. Nenhum grupo (não importa quanto pequeno, unido ou produtivo seja) se dá bem o tempo todo. A capacidade dos membros da equipe de vencer suas diferenças, a fim de alcançar novos níveis de compreensão e cooperação, é crucial para o sucesso do grupo. Haverá conflitos e algumas tempestades, mas são coisas naturais da interação humana. Os grupos mais eficazes têm processos para apresentação de queixas e solução de problemas.

Por fim, equipes eficazes recebem apoio externo apropriado. Nem os grupos mais autossuficientes e eficazes conseguem funcionar em um vácuo. Eles precisam de você e seus superiores (muitas vezes, vistos coletivamente como "a empresa") e, em certos casos, de outros departamentos ou equipes para fornecer os recursos necessários a fim de que atinjam seus objetivos. Os membros da equipe precisam de equipamento e suprimentos adequados, um espaço de trabalho apropriado, apoio administrativo e instalações confortáveis (como iluminação e controle de temperatura). É seu papel como gerente garantir que todos esses elementos estejam presentes.

# RESPONSABILIDADE E PRESTAÇÃO DE CONTAS

Chaves para o sucesso

Como colaborador, você era responsável pela conclusão de tarefas e projetos. Pode até ter tido certa autoridade para delegar algumas responsabilidades, mas, na maioria das vezes, a linha de autoridade corria na direção oposta. Seu gerente delegava a você, e você executava a tarefa; e era ele quem arcava com o peso da responsabilidade pela execução do seu trabalho. Quando você se saía bem, seu gestor recebia grande parte do crédito. Quando você falhava, ele ficava com a culpa.

## Comece de novo

Quando precisar resolver um problema com um colaborador que se reporta a você, ofereça sempre a oportunidade de recomeço. A pessoa não deve se sentir obrigada a continuar certo padrão de comportamento com você. Não importa o rastro de palavras raivosas que a levem até seu escritório, faça com que parem na porta. Isso diminui as chances de repetição de um comportamento passado (por mais imediato que esse passado seja) e lhe permite trilhar um novo caminho que, espera-se, conduza à solução do problema.

Agora, você é um gestor. Como você lida com a questão da sua responsabilidade e da prestação de contas é, com frequência, o aspecto mais importante de sua posição, bem como a chave para seu sucesso na área. Embora, sem dúvida, haja uma pesada carga de responsabilidade sobre seus ombros, você tem autoridade para atribuir tarefas aos colaboradores que se reportam a você. Você também é responsável pelo desempenho deles. Espera-se que, quando as coisas correrem bem, você compartilhe a glória (juntamente com qualquer recompensa tangível) com aqueles que realizaram o trabalho. Também se espera que, quando as coisas não correrem tão bem, você seja forte para receber o golpe. É por isso que você ganha os maiores prêmios. Depois, claro, haverá tempo suficiente para uma análise construtiva do que deu errado. Prestar contas é não colocar a culpa em ninguém.

A percepção comum é que prestação de contas tem a ver apenas com as consequências negativas das circunstâncias que deram errado. No entanto, prestação de contas também engloba consequências positivas. Quando um projeto dá certo e alcança seus objetivos, você é, como gestor, o primeiro e mais destacado a receber elogios. Quando as coisas não saem conforme o esperado, é mais eficaz e produtivo lidar com a situação como uma oportunidade de aprendizado para os colaboradores e para você.

Lewis trabalhou com muito empenho e por muito tempo como programador de computador antes que seus superiores enfim tomassem conhecimento disso e o promovessem a gerente. Lewis sentia que a promoção já era esperada havia muito tempo e se agarrou à sua visão do que era gestão com grande zelo. Ele se sentia importante, agia de modo importante e, na maioria das vezes, ansiava parecer importante. Agora que ele tinha um escritório de verdade, fechava a porta sempre que estava lá dentro.

Não sabendo se deveriam bater à porta ou apenas entrar na sala, os colaboradores esperavam que Lewis aparecesse – o que ele fazia principalmente quando precisava de alguma coisa ou para se gabar de sua última conquista (coisa que sempre acontecia apenas por causa de suas extraordinárias habilidades, não por causa de qualquer contribuição da equipe, segundo ele). Quando Lewis se comunicava com os colaboradores, era por meio de e-mail ou de anotações fixadas na tela do computador deles.

Com esse comportamento, Lewis se autossabotou. Sem nenhum vínculo com o gestor, a equipe passava por cima de sua autoridade. Os colaboradores não conseguiram se unir em torno dos projetos. Eles cumpriam suas responsabilidades, mas faziam apenas o que era devido e nada mais. Deixavam claro para a alta administração e para os colegas de Lewis que a interação com ele era mínima. Por fim, a alta administração reestruturou os departamentos, o que acabou eliminando o de Lewis, inclusive o seu cargo. Enquanto todos os colaboradores dele foram transferidos para outras funções dentro da empresa, Lewis recebeu um aviso de rescisão de contrato de trabalho.

# INTERAÇÕES DIÁRIAS COM SEUS COLABORADORES

Estreitando os laços no trabalho

É incrível como muitos gerentes não interagem com seus colaboradores mais do que o necessário. Isso cria desconforto de ambos os lados. Parte disso provém da maneira como algumas empresas selecionam os gestores: aqueles que se destacam nas habilidades de seus cargos são promovidos, a fim de serem recompensados. O resultado, muitas vezes, é um gerente que não gosta muito de outras pessoas. Eles são técnicos. São realmente ótimos como contadores, programadores, representantes de vendas ou trabalhadores de produção que se saíram tão bem em suas funções que foram promovidos a cargos de gerência.

## Não se isole

Os colaboradores precisam que você passe na mesa deles todos os dias e diga olá. Quando você não o faz, eles assumem que algo está errado ou se sentem ignorados. E, quando você não interage com eles, você começa a supor as ações e os pensamentos deles. A partir dessas suposições, você tira conclusões do que eles estão ou não fazendo. Quando não temos informações, nós as inventamos. Isso é verdade tanto para gestores quanto para colaboradores.

Por mais que colaboradores bem-sucedidos se sintam satisfeitos ao subirem de nível na cadeia alimentar da empresa, eles ainda se sentem desconfortáveis – às vezes, com a autoridade e, muitas vezes, com as expectativas sociais inerentes ao cargo de gerência. Seguindo a onda de desempenho e produtividade, muitos gerentes iniciantes se concentram apenas em suas próprias responsabilidades diárias, não enxergando o panorama geral. Eles se dedicam em realizar um bom trabalho, não reconhecendo que seu papel como gestor é ajudar todos os outros a fazer um bom trabalho também. A burocracia, a papelada e a gestão próprias de níveis superiores (política de escritório) também têm seu preço, consumindo mais tempo e esforço do que os gerentes e colaboradores acreditam ser razoável.

## COMUNICAÇÃO INFORMAL EFICAZ

Jogar conversa fora é difícil para você? Sem problemas. A comunicação é um ofício que cada um de nós deve aprender. Embora a capacidade de falar pareça natural, circunstâncias que requerem diálogo estruturado podem fazer adultos competentes gaguejarem incoerentemente. Portanto, considere a conversa fiada apenas uma das novas habilidades que você deve aprender para se sobressair em seu trabalho como gerente.

Todo dia, faça questão de passar pelo escritório, pela mesa ou área de trabalho de cada colaborador. Cumprimente-o com o nome que ele usa ao falar com você. Se os colegas dele o chamam de Mike e a esposa o chama de Mitch, mas ele fala com você ao telefone dizendo "É o Michael", então chame-o de Michael. Ou, melhor ainda, pergunte a ele como prefere que você o chame. Com frequência, nomes refletem um nível de confiança e equidade; pular para uma variação informal (ou usar uma formal quando outros não o fazem) pode deixar a pessoa desconfortável.

Pergunte a cada colaborador algo relacionado a um interesse pessoal. Sim, talvez isso exija um pouco de pesquisa. A escuta cuidadosa pode ajudá-lo a construir um "arquivo de informações" mental sobre cada membro da sua equipe. A pergunta geral "Como foi seu fim de semana?" desperta uma amplitude e profundidade de informações surpreendentes. Também pergunte a cada um algo relacionado ao trabalho. Se esse é um comportamento novo para você, talvez os colaboradores reajam com desconfiança no início, pensando que você está se metendo na vida deles (o que, de certo modo, é verdade) ou que alguma coisa está errada (o que provavelmente não é o caso).

## O título certo

Hoje em dia, na maioria dos locais de trabalho, as pessoas que estão a um ou dois níveis corporativos uns dos outros usam os primeiros nomes. Em algumas situações, o protocolo exige o uso de títulos profissionais ou de cortesia: dr. Drake, sr. Johnson, sra. Hernandez, sargento Hamilton, oficial Michaels e assim por diante. Às vezes, os colaboradores usam esses títulos apenas em público ou na presença de clientes; em outros ambientes, eles os usam o tempo todo.

À medida que os colaboradores percebem que essas interações fazem parte de sua rotina diária, eles vão se acostumando com isso. O primeiro sinal de progresso é quando começam a lhe contar coisas que estão dando errado. No entanto, é quando passam a lhe contar o que está indo bem que você sabe que está no caminho certo.

# COMUNICAÇÃO POR ESCRITO

Nenhuma discussão sobre comunicação é completa sem mencionar a importância de uma escrita eficaz. Não importa qual seja sua posição na empresa, em algum momento, todos precisam colocar as palavras no papel. Talvez seja necessário escrever um memorando, um relatório ou uma avaliação de desempenho. O que você diz importa; como você diz importa ainda mais. Embora escrever seja uma habilidade para a vida, não apenas para o trabalho, muitas pessoas se transformam em burocratas balbuciantes quando escrevem. Não há razão para que a escrita comercial seja mais complicada do que a fala. Na verdade, pode ser mais fácil escrever porque você se concentra apenas no conteúdo. De fato, é tão fácil quanto três passos que, no inglês, formam o acrônimo *AIM* (em português, objetivo):

- *Audience* (público): Quem vai ler sua mensagem?
- *Intent* (intenção): Por que você está escrevendo?
- *Message* (mensagem): O que você tem a dizer?

Liste, separadamente, essas perguntas e responda-as. Depois, use esse material como esboço e comece a escrever. Escreva como se seu público estivesse sentado na sua frente e você estivesse falando com ele. Evite gírias, mas continue conversando. Escreva conteúdo suficiente (sua mensagem) para cobrir sua intenção – nada mais. Certifique-se de que o vocabulário escolhido é apropriado para seu público; nada de usar jargão.

## Simplifique

Considere este conselho de William Strunk Jr. em seu livro *The Elements of Style* [Os elementos do estilo], obra sempre presente nas prateleiras dos escritores: "Uma frase não deve conter palavras desnecessárias; tampouco um parágrafo, frases desnecessárias. [...] Isso não requer que o escritor torne todas as frases curtas, ou que evite todos os detalhes e trate seus assuntos apenas em linhas gerais, mas que cada palavra comunique algo".[2]

Não deixe que o processo de escrever o intimide. É apenas outro modo de comunicação. A melhor maneira de começar a escrever é iniciar com o que está em sua mente. Saiba que você

---

[2] STRUNK JR., W. **The Elements of Style**. San Luis Obispo, Califórnia: Spectrum Ink., 2016.

não precisa começar do zero. Pode reorganizar seus blocos de palavras depois de colocá-los no papel (ou na tela). Programas de processamento de texto e computadores facilitam muito isso. Muitas vezes, uma ideia flui para a próxima quando você começa, e esse movimento o leva a dizer tudo aquilo que deseja. E, lembre, ninguém acerta logo na primeira vez. Escrita é um processo de edição e revisão. Se você não gosta de como alguma coisa soa, mude-a.

## SEJA CONCISO

Para manter seu foco claro e limpo, certifique-se de que cada frase contribua para sua intenção e mensagem de uma maneira que seja relevante para seu público. Os inúmeros detalhes referentes à equipe de destaque no mês passado podem fasciná-lo, mas os colaboradores que recebem seu relatório só precisam conhecer as suas sugestões e os problemas que devem resolver. A maioria dos gerentes compartilha um documento escrito, em papel ou eletrônico, a cada oito segundos para provar ser digno de interesse e tempo dos colaboradores. Brevidade é importante!

## PROBLEMAS DE E-MAIL

Ironicamente, é o crescimento da comunicação eletrônica que mais ilustra a necessidade de desenvolver habilidades de escrita. A velocidade com que podemos mandar mensagens para o outro lado do escritório ou do mundo nos impulsiona a agir como se tivéssemos que tomar cada atalho disponível para economizar ainda mais tempo, contornando os processos que a escrita eficaz exige. A natureza instantânea do e-mail nos faz sentir como se tivéssemos que ler e escrever com a mesma velocidade. No entanto, não o fazemos (é impossível), e tentar agir assim é caminho certo para gerar um mal-entendido. As mesmas diretrizes para uma comunicação eficaz no papel se aplicam no ambiente sem papel da internet.

Como a comunicação por e-mail é instantânea, é fácil disparar respostas e comentários sem pensar em possíveis desdobramentos. O fato de que a maioria de nós exclui mensagens de e-mail depois de lê-las ou enviá-las nos dá a impressão de que são comunicações efêmeras, existindo apenas no tempo como conversas em pessoa ou por telefone (e igualmente privadas). Errado! Essa é uma crença comum e potencialmente perigosa. Um número crescente de organizações captura e armazena mensagens eletrônicas que viajam através dos sistemas de computadores em rede da empresa. Até agora, a legislação assegura os direitos das corporações com relação a isso; o que você faz no tempo que passa na empresa, com recursos dela, pertence a ela e, consequentemente, é da conta dela.

Se você não escreveria algo em uma carta impressa ou em um memorando, então também não escreva em uma mensagem de e-mail. Com listas de distribuição e encaminhamento em massa, a mensagem que você envia a seu superior "somente para os olhos dele" pode acabar em centenas de outros computadores. As mensagens de e-mail têm envergonhado tanto presidentes quanto secretários, e são uma fonte crescente de provas em processos judiciais envolvendo tudo, desde assédio sexual até rescisão de contrato de trabalho injusta. O comentário improvisado que você faz em resposta a uma pergunta sobre o desempenho de alguém pode se tornar um fantasma eletrônico que retornará para assombrá-lo daqui a meses ou anos.

## A importância dos detalhes

Outro problema com o e-mail é que é tão fácil enviar um que tendemos a esquecer alguns passos essenciais que parecem muito mais naturais quando precisamos escrever algo à mão. Não deixe de fazer os seguintes passos antes de enviar qualquer e-mail.

- Revise antes de clicar em "enviar". Procure erros de digitação, palavras faltando ou construções gramaticais estranhas. Essas coisas, se mantidas ali, o marcam como alguém desleixado e indicam que você não atenta aos detalhes.
- Releia o e-mail devagar, garantindo que você está passando a informação que deseja. Se possível, feche a porta de sua sala e leia em voz alta.
- Escreva primeiro o corpo do e-mail. Então, depois de ler e revisar o conteúdo, preencha o campo "assunto" e, por fim, o endereço da pessoa para quem vai enviá-lo. Isso evita a possibilidade de clicar em "enviar" antes mesmo de o e-mail estar pronto.

# O QUE FUNCIONA PARA ELES FUNCIONA PARA VOCÊ

Aprendizado contínuo

Como gestor, esforçar-se para apoiar seus colaboradores, fornecendo-lhes treinamento profissional e atividades que potencializem as habilidades deles, pode fazer com que você se sinta muito bem. Vá em frente e, por um minuto, desfrute dessa boa sensação. Depois, afaste-se um pouco da situação e observe seu panorama geral. A menos que você seja um gerente com responsabilidades semelhantes às dos colaboradores que gerencia, não é necessário que suas habilidades correspondam às deles. Ainda assim, você precisa saber o suficiente sobre os cargos dos membros da sua equipe para determinar se eles precisam de treinamento adicional e, em caso afirmativo, em quê. Assine boletins e revistas relevantes para seu setor ou sua área. Pergunte aos colaboradores quais publicações eles consideram úteis. Na internet, você encontra uma abundância de conteúdos que estão cada vez mais sofisticados.

## Diplomas e certificações

Muitas empresas exigem que gestores tenham, pelo menos, um diploma de bacharelado. Embora ter experiência na área também seja crucial, o mercado se tornou tão competitivo que o nível de educação costuma ser um critério de seleção para uma vaga. A obtenção de diplomas ou certificações apropriadas pode ajudá-lo a subir na carreira. Em muitos casos, as empresas fornecem aos gestores assistência financeira para fazer cursos relevantes para seu trabalho.

Sua empresa tem um programa de apoio educacional que possibilita o reembolso de mensalidades e outros benefícios para os colaboradores que voltam à sala de aula? Muitas faculdades oferecem aulas noturnas e programas de ensino a distância on-line, visando a adultos já no mercado de trabalho e que desejam avançar na sua educação formal. Diversas corporações exigem qualificações educacionais específicas, tais como diploma de pós-graduação, no caso de gestores. Ainda mais se você trabalha em um ambiente no qual as pessoas que se reportam a você possuem curso superior. Mesmo os cargos de nível básico, quando oferecem probabilidade de promoção, provavelmente têm requisitos mínimos de instrução que podem não ter sido aplicados a você antes de entrar para a equipe gerencial. Se sua formação for em uma área bem específica, talvez seja interessante buscar formação adicional em outra área ou em uma mais ampla.

Empresas progressistas apoiam a educação e o treinamento contínuos dos colaboradores em todos os níveis. Corporações maiores podem ter seus próprios programas para ensinar habilidades administrativas ou enviar gerentes iniciantes para programas externos. Comprometa-se a atualizar e expandir suas habilidades e seus conhecimentos e incentive seus colaboradores a fazer o mesmo. Conhecimento nunca é demais!

# CULTIVANDO BOAS PESSOAS

Treinando e melhorando sua equipe

Lá no início, quando você estava para entrar no mercado de trabalho, conseguir um emprego já era o suficiente. Não faz muito tempo que as pessoas ficavam felizes com apenas receber sua remuneração em dia, e os empregadores ficavam felizes em contar com profissionais produtivos. Contudo, os tempos mudaram. Hoje, tanto empregadores como colaboradores reconhecem que existe uma diferença entre emprego e carreira. As pessoas não permanecem mais no mesmo emprego nem trabalham para a mesma empresa durante toda a sua vida profissional. Em média, elas têm até sete carreiras diferentes e trabalham para uma dúzia ou mais de empresas desde o momento em que entram no mercado até o momento em que o deixam. E não é raro que seja mais do que isso.

## Objetivos pessoais

Encoraje os colaboradores a alcançar dois ou três objetivos pessoais. Um colaborador pode estabelecer uma meta de completar um programa de treinamento especializado, graduação ou pós-graduação. Essa realização claramente o beneficiaria, mas acarreta também benefícios para a empresa ao tornar esse colaborador mais adequado a uma promoção ou, no mínimo, mais sábio.

Sua empresa confia a você seus recursos mais valiosos – os colaboradores. Ela espera que você os ajude a desenvolver suas habilidades e carreiras. Talvez você queira fazer isso independentemente de qualquer coisa, pois eles são boas pessoas que trabalham duro e você deseja vê-los crescer. Você não quer perdê-los e sabe que podem desistir sem o apoio apropriado. Ou, então, talvez você precise que seus colaboradores se desenvolvam para que sejam capazes de assumir mais responsabilidades – e, assim, sobrecarregá-lo menos. Se os membros da sua equipe não sentem que estão crescendo, eles estagnam. Com o tempo, o departamento também vai estagnar, bem como a organização. Muitas vezes, com simples ações você consegue oferecer aos seus colaboradores as oportunidades de aprendizado que eles desejam e das quais precisam. Você pode tentar o seguinte:

- Criar um comitê de treinamento dentro do departamento para que os colaboradores possam avaliar as necessidades de treinamento e apresentar ideias à gerência.
- Pedir aos colaboradores proficientes em certas áreas que realizem pequenos workshops para os demais colegas de trabalho.
- Patrocinar sessões de treinamento durante um almoço na empresa, nas quais especialistas de outros setores ou de lugares externos conduzem breves apresentações durante os intervalos do almoço.
- Estabelecer um programa de tutoria no qual os colaboradores criam duplas para aprender um com o outro.

Com regularidade, faça uso do feedback, a fim de ajudar os colaboradores a melhorar suas habilidades e seu desempenho. Sugira diferentes abordagens para alcançar melhores resultados. Certifique-se de que o feedback seja relevante para o membro da sua equipe. Concentre-se em como ele aborda as tarefas e responsabilidades do trabalho. Tome cuidado para não comparar ou criticar o estilo de trabalho do colaborador por ser diferente do seu.

## Resolução de conflitos

Com a mudança no atual ambiente de negócios, passando de uma abordagem de gestão dominadora para uma mais colaborativa, os gerentes, muitas vezes, se beneficiam de treinamento em técnicas de resolução e mediação de conflitos.

Talvez você prefira realizar uma tarefa sem que seus superiores estejam o tempo todo verificando e lhe dizendo que está fazendo um bom trabalho. E isso é bom – funciona para você. É fácil pressupor que todas as pessoas trabalham ou deveriam trabalhar da mesma maneira, particularmente se, em sua equipe, o estilo de trabalho de alguns colaboradores é semelhante ao seu. Estar entre pessoas que compartilham suas características reforça suas atitudes e seus comportamentos.

Um elemento-chave para reter os melhores profissionais é fornecer feedback de modo constante. Inclusive, alguns colaboradores solicitarão isso, e o desempenho deles não será tão bom se não o receberem. Sua perspectiva e seu estilo de trabalho talvez o façam pensar que os membros de sua equipe que precisam de muito feedback são só puxa-sacos querendo manter boas relações com o chefe. Embora, naturalmente, a política de escritório esteja em jogo para todos (até mesmo para você), há uma forte probabilidade de que esses colaboradores apenas tenham necessidade do senso de estrutura que um feedback constante proporciona. Para esse tipo de pessoa, o gestor é quem define o grupo de trabalho e suas funções e, portanto, é a escolha mais lógica a ser feita para o feedback. Afinal, é você quem define os padrões e, em última instância, é você quem deve estar satisfeito com os resultados.

Essa é a realidade para você e para seus colaboradores. Se você se certificar de que cada um deles tenha as mesmas oportunidades de lhe mostrar seus sucessos e suas conquistas, será mais provável que eles permaneçam na empresa. Certifique-se também que aquele colaborador puxa-saco está contribuindo para alcançar os objetivos da equipe e da empresa e não está apenas alimentando a fera. Tire um tempo para sondar a verdadeira intenção de alguém antes de chegar a uma conclusão. Quando um colaborador tentar se reportar a você às custas do líder da equipe ou colegas de trabalho, oriente-o a se voltar para o grupo, a fim de se comunicar adequadamente. Às vezes, os colaboradores que mais se reportam têm mais tempo para isso porque os verdadeiros executantes estão ocupados demais trabalhando.

# GERENCIANDO COLABORADORES EM TRABALHO REMOTO

Trabalhando com colaboradores remotos

Em 2016, estimava-se que cerca de 60 milhões de pessoas nos Estados Unidos trabalhavam longe de seus escritórios pelo menos parte do tempo. Esse número tem crescido desde então, e há muitos motivos para pensar que continuará crescendo. O avanço na área de tecnologia de comunicação torna o home office uma opção viável para quase todos.

Esse desenvolvimento resultou em crescentes desafios para aqueles que gerenciam colaboradores remotos. É muito fácil esses profissionais se distanciarem mentalmente do trabalho, e um gerente deve se esforçar para mantê-los engajados.

## O QUE É UM BOM COLABORADOR REMOTO?

Se um membro de sua equipe pedir para trabalhar em home office, em tempo integral ou parcial, você deve considerar algumas perguntas para analisar o perfil dele.

- Esse profissional é orientado para obtenção de resultados, com excelente capacidade de comunicação?
- Ele tem um sólido conhecimento de seu trabalho e uma boa compreensão das metas e dos objetivos corporativos?
- Ele é organizado e sabe gerenciar seu tempo?

Se as respostas a essas perguntas forem afirmativas, comece a pensar no trabalho em si, bem como no ambiente em que o colaborador estará. As tarefas que cabem a ele estão claras, as metas estão definidas? Esse tipo de trabalho está bem-adaptado ao home office? A casa do colaborador (ou onde quer que ele esteja trabalhando) é propícia para um bom rendimento de trabalho? Sua empresa tem a infraestrutura de TI necessária para oferecer suporte a ele?

## Equipes geograficamente dispersas

Hoje em dia, não é raro que alguns membros da equipe – incluindo, possivelmente, algumas equipes de gestão – trabalhem separados por muitos quilômetros ou mesmo em continentes diferentes. Tais grupos são chamados de equipes geograficamente dispersas (GDTs, na sigla em inglês). Embora o ato de gerenciar apresente muitos desafios, tal arranjo permite à alta administração mais flexibilidade na contratação dos profissionais certos.

Todas essas (e provavelmente outras) questões estão no âmago do sucesso do trabalho remoto, assim como a seguinte: o colaborador será tão bem-sucedido e produtivo trabalhando em casa quanto seria no escritório?

### Montando um escritório em casa

Se o membro de sua equipe vai trabalhar de casa regularmente, ele precisará de um escritório bem equipado nesse ambiente. Ao discutir o assunto com ele, certifique-se de que o escritório dele inclua:

- Computador com acesso à internet e e-mail;
- Impressora que também tenha função de escâner;
- Telefone com caixa-postal (o ideal é que essa linha não seja a pessoal do colaborador);
- Mesa e cadeira confortáveis em uma área tranquila da casa, livre de distrações.

Talvez seja necessário que você realmente vá até a casa do colaborador e inspecione as instalações que ele utilizará.

# EVITE O ISOLAMENTO

Um dos maiores desafios que você enfrentará ao gerenciar colaboradores remotos é evitar que eles se sintam isolados, apartados do resto da empresa. Isso pode ser um problema maior para aqueles profissionais que trabalham em home office em período integral em vez de apenas alguns dias por semana.

As medidas que você pode tomar para evitar esse problema incluem:

- Realizar com frequência reuniões de equipe das quais o colaborador em home office participe;
- Agendar horários para as idas desse colaborador ao escritório, a fim de que ele interaja presencialmente com seus colegas de trabalho, bem como participe de reuniões presenciais com você e outros gestores;
- Fazer ligações telefônicas semanais com o colaborador.

Se houver reuniões com toda a empresa, tome as providências necessárias para que o colaborador ao menos escute os encontros em tempo real. Se isso não for possível, envie uma gravação da reunião para ele.

### E-mail

O e-mail é uma de suas ferramentas mais importantes para gerenciar com sucesso os colaboradores remotos. Ele permite comunicação instantânea, mantendo o membro da sua equipe atualizado sobre tudo o que está acontecendo na empresa. Ao mesmo tempo, você deve ter cuidado para não sugerir de modo algum que suas expectativas em relação ao desempenho do colaborador sejam diferentes daquelas que você tem dos que comparecem ao escritório todos os dias.

### Videoconferência

As videoconferências são uma excelente maneira de envolver os colaboradores remotos na rotina da equipe. A maioria dos computadores hoje em dia possuem configurações que possibilitam isso; também é possível usar o software Skype. O importante é que todos consigam se ver, o que ajuda psicologicamente a reduzir a distância entre os membros da equipe.

No geral, é essencial que você, como gerente, faça com que seus colaboradores remotos se sintam tão valorizados e incluídos quanto os demais.

# DINHEIRO É IMPORTANTE?

A importância do salário

Especialmente em tempos de recuperação econômica, quando há mais oportunidades para mudar de emprego, os colaboradores procuram razões positivas para permanecer na empresa onde trabalham. Uma das mais importantes é o salário, por meio do qual as pessoas satisfazem suas necessidades materiais.

## O DINHEIRO IMPORTA

A dura realidade no mundo dos negócios é que as empresas têm que lucrar. Elas devem equilibrar rentabilidade, satisfação do cliente ou consumidor, e produtos ou serviços de qualidade. (Mesmo as organizações sem fins lucrativos precisam atingir seus objetivos financeiros e manter seus constituintes satisfeitos.) Embora questões financeiras em um sentido macro possam criar tensões no escritório, lembre-se de uma coisa: seus colaboradores também se preocupam com o lucro. Ainda que tente trabalhar com aquilo que ama, a maioria das pessoas trabalha porque precisa de uma renda.

### Insatisfeitos *versus* satisfeitos

Às vezes, o dinheiro fala mais alto e os colaboradores vão trabalhar na concorrência, que ofereceu uma proposta boa demais para recusar. No entanto, na maioria das vezes, o dinheiro sobe e desce na lista de insatisfações de um colaborador (coisas das quais ele não gosta no trabalho) em vez de na lista de satisfações (coisas das quais ele gosta no trabalho).

Antigamente, havia uma faixa salarial definida para um cargo, e isso estabelecia os limites para negociação. Essa faixa não variava muito entre as empresas em cargos no mesmo nível. A maioria das pessoas começava na parte inferior da escala, o que supostamente funcionava como um incentivo para que melhorassem (na verdade, significava dar-lhes aumentos por permanecerem no cargo). Aqueles com habilidades excepcionais ou únicas podiam começar no meio da escala. Poucos começavam no topo; e pensava-se que aqueles que tinham as qualificações para fazê-lo provavelmente eram qualificados demais para o cargo e logo iriam embora quando se tornasse claro que não havia espaço para crescerem na função. O dinheiro e a habilidade eram gêmeos, raramente separados. Como as calças boca de sino e as camisetas *tie dye*, esse é um vestígio de um tempo que ficou para trás. Hoje em dia, os salários são muitas vezes um território aberto.

## Salário *versus* benefícios

De acordo com o Bureau of Labor Statistics [Departamento de Estatísticas Trabalhistas] dos Estados Unidos, o salário de um colaborador representa cerca de três quartos dos custos de remuneração direta da empresa por tê-lo no quadro de funcionários. Os benefícios (tais como planos de saúde, férias ilimitadas e planos de aposentadoria) são responsáveis pelo restante.

No mercado atual, o salário está sujeito a uma série de fatores. Algumas empresas que obtiveram sucesso extraordinário pagam seus colaboradores substancialmente acima da média do mercado. Em outros casos, os níveis salariais dependem do custo de vida local. Em outros, ainda, é possível contrabalancear um salário baixo com benefícios acima do normal.

Ao discutir salário com seus colaboradores, tenha certeza de que conhece todos os fatos antes da conversa. Isso inclui saber quanto as empresas da área (e de mesmo porte) estão pagando a trabalhadores com funções similares; ter uma noção clara do valor dos benefícios que a sua empresa oferece; e saber se há a possibilidade de um aumento salarial (dentro da faixa definida pela empresa) ou de algo mais que você possa disponibilizar.

Nunca peça detalhes sobre a situação financeira de um colaborador. Se ele desejar contar, tudo bem, mas é um assunto sensível, e você não deve se intrometer. Se o profissional quiser um salário maior, deixe que ele explique o motivo.

# CANALIZANDO ENERGIA CRIATIVA

Promovendo inovação

A questão da criatividade, em relação à satisfação no trabalho, é ainda mais abstrata do que a salarial. No entanto, é igualmente importante – se não mais importante – para os colaboradores. Quase todo trabalho envolve criatividade, tanto aqueles que consideramos intrinsicamente criativos (como mídia ou ensino) quanto aqueles que consideramos mais mundanos (como contabilidade ou serviços gerais). Criatividade também tem a ver com inovação, desde a capacidade de enxergar novas maneiras de realizar tarefas já familiares até a aptidão para visualizar processos ou produtos inteiramente novos.

## O ponto exato da produtividade

Algumas pessoas precisam de direção, feedback e redirecionamento constantes para desenvolverem um bom trabalho. Outras trabalham melhor dentro de uma estrutura geral na qual são livres para organizar as tarefas, o fluxo e as medidas de progresso das atividades. Leve em consideração como cada membro da sua equipe trabalha de maneira mais produtiva e, em seguida, modele sua supervisão e suas interações de modo que sejam apropriadas ao estilo de trabalho do colaborador.

Criatividade e produtividade não são mutuamente excludentes, embora canalizar a criatividade para a produtividade possa ser um grande desafio para o gestor. Você só precisa identificar as pessoas naturalmente criativas e garantir que tenham a flexibilidade necessária – em termos de tarefas e ambiente – para se expressarem. Como você pode estimular e apoiar a criatividade produtiva sem destruir o processo criativo? Tente as ideias listadas a seguir.

- Apresente as tarefas em termos gerais, explicando o resultado final desejado, mas dando aos colaboradores a liberdade de encontrar seus próprios caminhos para esse resultado. Estabeleça cronogramas para manter a produtividade no caminho certo, mas não estruture o processo de trabalho.
- Permita que as pessoas expressem ideias ousadas sem rejeitá-las imediatamente. Ser o "advogado do diabo" é a maneira mais segura de cortar o pensamento criativo pela raiz.
- Deixe as pessoas errarem e encontrarem suas próprias soluções e dê tempo para isso como parte do processo criativo. É preciso muito carvão para fazer diamantes.
- Aprenda a elogiar os esforços de alguém sem se concentrar no resultado ou no produto que você deseja que esses esforços gerem.
- Pergunte aos colaboradores o que você pode fazer para proporcionar um ambiente estimulante e de apoio. Você pode se surpreender com a simplicidade de alguns pedidos.
- Patrocine workshops conduzidos por profissionais externos. Pessoas criativas estão sempre procurando ampliar sua base de conhecimento e experiência. Novos rostos trazem novas perspectivas. Os colaboradores costumam ficar mais à vontade para questionar e levantar certas questões com pessoas de fora do que com instrutores ou consultores internos.

Lembre, porém, que novas abordagens podem ser ameaçadoras. Colaboradores e gerentes sentem que sua cabeça está em jogo hoje em dia, e ninguém gosta de correr riscos demais. Como muitas pessoas de toda a escala corporativa reparam nas mudanças, gestores costumam seguir o caminho mais fácil e já conhecido, por mais desgastado ou, até mesmo, não produtivo que ele seja. Isso reflete uma insegurança que os membros da equipe percebem, mesmo que você mesmo não. No entanto, é fundamental que gerentes e colaboradores corram riscos de vez em quando, a fim de explorar novas maneiras de fazer as coisas.

Familiaridade gera repetição, o que logo se torna complacência e estagnação. Nenhuma empresa, não importa quais sejam seus produtos ou serviços, pode prosperar (ou mesmo sobreviver) sem ideias novas.

## Empregos criativos

Embora seja possível encontrar pessoas criativas em praticamente qualquer emprego, elas tendem a se voltar para setores intrinsecamente criativos – trabalhos que exigem que criem novos processos ou produtos. Empregos do tipo, com frequência, são encontrados em campos como publicidade, marketing, mídia eletrônica, editoração, design e arquitetura. É possível definir tais pessoas como escritoras, artistas ou programadoras, ou elas podem ter uma combinação de talentos que desafia qualquer definição.

Pessoas criativas tendem a deixar os gestores um tanto ansiosos – às vezes, é difícil saber se elas estão trabalhando ou brincando; além disso, elas parecem um pouco, bem, desatentas. Pessoas assim geralmente têm as características listadas a seguir.

- Parecem ter pouca consideração por autoridade, regras, estrutura e rotina, vendo-os como elementos do mercado de trabalho que não se aplicam a elas.
- Estabelecem ambientes próprios dentro do local de trabalho que sustentam e alimentam sua imaginação.
- Usam métodos pouco ortodoxos ou excêntricos para estimular sua produtividade.
- Parecem desorganizadas e suas apresentações tendem a parecer improvisadas.
- Encontram humor em quase tudo, inclusive fazendo piada (e podem não entender por que outros talvez achem essas "brincadeiras" pouco engraçadas ou ofensivas).

- Trabalham em surtos de intensidade que podem durar horas, dias ou mesmo semanas, e depois entram em uma fase de "baixa", quando parecem fazer muito pouco.
- Chegam tarde ou até mesmo não aparecem nas reuniões de equipe ou nas gerais que não têm influência direta em seus projetos.

Gerenciar profissionais criativos pode exigir uma tremenda flexibilidade. O processo criativo é regido por emoção, não lógica. O resultado é, muitas vezes, um comportamento diferente do que a maioria consideraria como um comportamento comercial convencional. O escritório de alguém criativo pode parecer mais uma sala de aula de pré-escola ou uma loja de brinquedos do que uma estação de trabalho. Esse tipo de pessoa também precisa de espaço para se fechar, se afastar da estrutura de regras e decoro, de modo a se sentir à vontade para que suas ideias evoluam.

Empresas ou departamentos que dependem de pessoas criativas, tais como agências de publicidade ou empresas de mídia, frequentemente usam sessões de *brainstorming* para atingir objetivos de trabalho. Para quem nunca presenciou uma (ou para aqueles que necessitam de estrutura), essas reuniões podem parecer um vale-tudo feroz. As pessoas riem, falam alto, jogam coisas, fazem desenhos e contam piadas enquanto atiram ideias para todo o lado. O politicamente correto permanece do lado de fora; há muitas oportunidades para usar os filtros de censura mais tarde. A missão é deixar os cérebros vagarem livremente pelos vastos silos de sementes de ideias até que alguns comecem a brotar.

## As aparências enganam

Pode não parecer, mas a maioria das pessoas criativas é altamente organizada. É só que a organização não necessariamente assume a forma de arquivos e calendários bem rotulados que registram reuniões e compromissos – as armadilhas-padrão da estrutura. As tais apresentações improvisadas refletem não falta de preparação, mas um conhecimento profundamente assimilado do assunto, adquirido por meio de intensa e, muitas vezes, prolongada pesquisa ou observação – em alguns casos, com uma pitada de intuição. Esse estilo menos tangível de organização pode aparentar caos, mas não é. Para o indivíduo criativo, é o mais próximo possível da lógica.

## Construindo uma atmosfera criativa

Muitas empresas no ramo de negócios criativos têm áreas de descanso com mesas de sinuca, café, videogames, pufes e outros divertimentos para proporcionar um ambiente de relaxamento e reflexão ao colaborador. Tal atmosfera cria um oásis a partir da realidade do negócio (que é, naturalmente, o motivo pelo qual os profissionais criativos são empregados em primeiro lugar). Uma vez que as ideias se tornam viáveis, esses profissionais se retiram para os "casulos" de seus escritórios. Eles reaparecem quando criam algo que estão prontos para compartilhar com os outros ou quando precisam de feedback.

Não é de admirar que muita estrutura sufoque a criatividade. Como gestor, pode ser difícil equilibrar essas coisas. De um lado, você tem um gênio criativo (ou mesmo uma equipe de gênios criativos) cujas ideias geram a maioria dos produtos que faz com que sua empresa seja bem-sucedida. Do outro, você tem a empresa, que quer ter certeza de que o investimento dela nesse profissional criativo está rendendo bons resultados. Talvez você também seja responsável por gerenciar outras pessoas cujo trabalho é mais tradicional e que acreditam que qualquer um que esteja se divertindo tanto no emprego não está trabalhando o suficiente.

# RECONHECENDO E ALIMENTANDO O POTENCIAL

A luz interior

Cultive os talentos e as habilidades das pessoas que já trabalham para sua empresa sempre que possível. Ela investiu consideravelmente em seus colaboradores, e as estatísticas mostram que os profissionais promovidos internamente têm mais chances de sucesso como gerentes do que as contratações de pessoas de fora para cargos de gerência.

Como gestor, você tem a obrigação de ajudar os membros da sua equipe a identificar o potencial deles (ou seja, você tem que adotar a postura de coach ou mentor). O primeiro passo é perguntar ao colaborador o que ele quer alcançar e qual rota ele acredita que o levará nessa direção. Que obstáculos existem? Como ele pode superá-los? As percepções do colaborador sobre a própria capacidade e potencial são as mesmas que as suas? Se não, por quê?

Oportunidade é um elemento indicativo de equidade que um profissional constrói em seu trabalho. Para um colaborador, satisfação na carreira significa oportunidade de crescimento, bem como reconhecimento. Como gerente, sua tarefa é avaliar como determinado indivíduo pode contribuir melhor, agora e no futuro. As oportunidades surgem na vida das pessoas quando você, gestor, dedica tempo e disposição para avaliar os interesses delas e ajudá-las a desenvolver seu potencial. Tais oportunidades nem sempre são óbvias ou o que parecem ser. Para ajudar a cultivar o potencial de um colaborador, você poderia fazer alguma das sugestões listadas a seguir.

- Todo ano, enviar o colaborador a vários seminários e conferências relacionados ao trabalho dele;

- Convidar o colaborador para acompanhar você a uma reunião ou a um evento do qual ele, de outra maneira, não poderia participar;
- Discutir com ele metas e objetivos futuros em cada avaliação de desempenho, incluindo o acompanhamento de avaliações anteriores;
- Perguntar a cada colaborador várias vezes ao ano o que você pode fazer para apoiar as aspirações de carreira dele. Preste atenção às metas que mudam; se o colaborador estiver fazendo algum progresso para alcançar tais metas, elas *devem* mudar.

Treinamento contínuo ou educação contínua é frequentemente necessário para muitos colaboradores técnicos e profissionais, embora isso possa ser fácil de ignorar quando se trata de pessoal de apoio. Enquanto um curso de programação de computador pode ter pouco apelo para um assistente administrativo, um de criação de apresentações em PowerPoint será bastante interessante. De vez em quando, se seu orçamento permitir, deixe os membros da sua equipe participarem de workshops que não estejam diretamente relacionados com o cargo deles, mas que lhes interessem por algum motivo. Um técnico pode gostar de uma aula de design gráfico ou um representante de vendas pode gostar de ir a um seminário sobre métodos de construção. Algumas escolhas podem parecer um pouco distantes de determinadas funções, mas a maioria das pessoas optará por temas que conversem com seus objetivos de longo prazo.

## Agradeça

Reserve um tempo para agradecer à pessoa do setor de correspondências, à sua secretária ou ao coordenador do departamento. É fácil elogiar quem faz as tarefas mais óbvias, mas não se esqueça de todas as outras pessoas que trabalham para tornar tais tarefas possíveis.

# OS RISCOS DO FAVORITISMO

Um perigo a ser evitado

Favoritismo, geralmente, é uma questão pessoal. Um gerente gosta de alguém, então pega leve com essa pessoa. Algumas vezes, o favoritismo é óbvio; outras, sutil. Em todos os casos, no entanto, é algo que segrega a equipe. Faz com que os membros do grupo fiquem uns contra os outros (nem sempre de modo consciente), forçando-os a competir pela atenção do gestor. Ninguém gosta de se sentir deixado de lado ou passado para trás. Experimentar esses sentimentos na vida adulta costuma nos remeter a lembranças de situações desagradáveis que passamos na infância. Uma coisa é competir por algo e perder porque o vencedor é, de fato, melhor; outra é perder porque você nem sequer teve uma chance. Em algumas ocasiões, o favoritismo surge de um genuíno desejo de fazer algo bom para um colaborador, mas que depois evolui para um cenário de mentor-que-virou-monstro. Muitas vezes, a atitude de favorecer alguém existe como uma espécie de política de escritório, com os colaboradores disputando uma posição na fila de puxa-sacos.

## Um exemplo de favoritismo

Cuidado! O favoritismo pode pegar você desprevenido. Segue um exemplo.

Certo dia, Phillip foi para o trabalho e jogou uma bomba na mesa de sua gerente: sua carta de demissão. Ele estava de saco cheio, disse; o que antes era um ambiente de trabalho muito agradável se tornara um pesadelo. Estava cansado das reclamações, das traições e da falta de cooperação de alguns "outros colegas" no escritório. E agora tinha sido ignorado em um projeto que havia proposto na reunião de equipe do mês passado. Em vez disso, o projeto foi para um daqueles "outros colegas".

Os "outros colegas" formavam um pequeno grupo que todos chamavam de "discípulos de Jean". Eles tomavam café todas as manhãs com Jean, a gerente do departamento. Durante todo o dia, Jean chamava um ou mais desses colaboradores para dar recados e tratar de tarefas especiais. Como a equipe continuava a produzir resultados, Jean não se preocupava com a dinâmica do local de trabalho. Outros membros do grupo perceberam que ela estava desligada, mas Jean não ligou para as indiretas deles. Quando percebeu que havia problemas, Jean estava segurando a carta de demissão de um colaborador valioso.

Em muitos aspectos, Jean teve sorte de que o único custo para ela e para a empresa tenha sido perder um profissional como Phillip. Embora esse prejuízo não tenha parado por aí, afinal Phillip assumiu a mesma função em uma empresa concorrente, as coisas poderiam ter sido muito piores. Muitas vezes, as circunstâncias em que o favoritismo ocorre levam a alegações de assédio quando ele não é mais praticado ou a alegações de discriminação por parte de colaboradores aos quais são negadas oportunidades.

## Colaboradores-estrela

Quando um colaborador realmente agrega um talento ou algo especial e muito valorizado à equipe, é claro que isso deve ser reconhecido pela gestão. Colaboradores de alto desempenho precisam de desafios constantes para se manterem interessados e motivados. Precisam de novas responsabilidades, reconhecimento e elogios, bem como salários mais altos. Ao mesmo tempo, é importante – e essencial – que você deixe claro que está comprometido em oferecer oportunidades a todos os colaboradores sob sua gerência. Por mais valioso que alguém seja, seu departamento não conseguirá alcançar seus objetivos com excelência sem a total cooperação e colaboração de todos os membros.

A importância desse delicado equilíbrio é mais óbvia quando olhamos para o ramo de esportes profissionais. A mídia transborda de histórias sobre os salários astronômicos de jovens astros talentosos, muitos dos quais têm pouca experiência na área profissional, mas que parecem ter um potencial imprescindível para a equipe. Talento, é claro, não é tudo. No entanto, ele leva muitos jovens atletas, mesmo não experientes no mercado, a acreditar que têm direito a tais riquezas e recompensas. Em clubes esportivos com limites financeiros para o pagamento de salário dos jogadores, atletas de tão alto custo podem impedir que o time mantenha ou adquira outros jogadores valiosos.

---

"Pratique a regra de ouro número 1 da gestão em tudo o que fizer. Gerencie os outros da maneira que você gostaria de ser gerenciado."

— Brian Tracy, consultor de negócios

---

O mundo dos negócios não é diferente. Quando "estrelas" entram na empresa com salários inflacionados ou outros benefícios não disponíveis aos demais colaboradores, é difícil manter qualquer senso de justiça. E, quando empresas inteiras se constroem em torno de tal inchaço, não é preciso uma bola de cristal para prever que uma hora o balão vai estourar.

# OBJETIVOS REALISTAS

Colocando todo mundo em sintonia

Como determinar se alguém está usando todo seu potencial criativo e intelectual no trabalho? E, em relação a equipes, como o gestor deve determinar as atribuições de cada membro? Cada projeto tem tarefas específicas e essenciais, além de responsabilidades comuns a todos. Na maioria dos casos, é preciso que os colaboradores interajam, a fim de gerar os produtos ou serviços que são a razão de ser da empresa. Embora a descrição do cargo especifique tais funções, é seu papel como gerente estabelecer os critérios para completá-las. Tais critérios variam muito entre os cargos, mas costumam incluir cronogramas de projeto, de produção e metas de unidade de conclusão.

## Dividindo em grupos

Em algumas empresas, pode ser útil dividir o departamento ou a equipe em grupos menores; cada um deles deve focar um objetivo específico da empresa, do departamento ou uma responsabilidade do trabalho. Se esse processo representa uma grande mudança, considere iniciar com uma força-tarefa que apresentará quais deveriam ser as normas.

Gestores costumam ter altas expectativas em relação aos seus colaboradores e ficam frustrados, decepcionados e irritados quando elas não são correspondidas. Isso acontece porque tais expectativas são tanto em relação ao gerente quanto ao colaborador. Quando sua equipe se sobressai, você também se destaca. Os colaboradores também se sentem gratos a seus gestores pelas oportunidades e pelo encorajamento. Tudo isso atinge o ego do gerente. Quando os membros da equipe não atendem às expectativas, os gestores se sentem magoados e desapontados.

Às vezes, você pode se identificar demais com um colaborador. Talvez essa pessoa o faça se lembrar de uma antiga versão sua ou ela esteja correndo o risco de seguir um caminho que você acredita estar errado. Seu desejo é que essa pessoa se saia tão bem quanto você ou até melhor, portanto você investe nela – oferece oportunidades, reconhecimento, apoio e incentivo. É bem capaz que você alimente grandes expectativas de ver um retorno do seu investimento nessa pessoa, tais como a disposição dela em chegar cedo e ficar até tarde para cumprir prazos ou lidar com uma carga de trabalho pesada. Tais expectativas são muitas vezes irrealistas e distorcidas. Você pode interpretar a relutância de um colaborador em trabalhar dia e noite como um ataque a seus valores e sua autoridade, em vez de enxergar essa atitude pelo que ela é: uma infração à vida pessoal dele.

Nem sempre é fácil perceber que você está agindo assim, e pode ser ainda mais difícil parar com essa atitude quando você a reconhece. Pergunte a si mesmo: estou fazendo isso por meus colaboradores ou por mim? Seja sincero. Nem sempre é ruim que suas expectativas sejam em relação a si mesmo, ainda que elas envolvam outros, mas é essencial que você saiba quando é o caso.

Estabeleça limites, dentro das exigências específicas do trabalho, em torno de suas expectativas. Normas de avaliação de desempenho e descrições de cargos, por mais intrusivas e burocráticas que pareçam ser, podem ajudar a salvá-lo de si mesmo. Quando surgirem problemas, dê dois passos para atrás, a fim de identificá-los claramente. Você está irritado porque o colaborador não fez uma tarefa e agora os outros não conseguem completar a deles? Ou está chateado porque não pode apresentar o projeto na reunião de equipe à tarde como havia planejado? Faça um esforço para lidar com o verdadeiro problema.

OBJETIVOS REALISTAS

# ARRISCANDO A PRÓPRIA PELE

É mais provável que as pessoas aceitem e cumpram as normas de desempenho se participarem da criação delas. Em muitas empresas e indústrias, certos padrões são escritos em pedra por regulamentação ou autoridade externa, ou são inerentes ao trabalho. Hospitais, faculdades, universidades e outros tipos de organizações estão sujeitos às expectativas de qualidade estabelecidas pelos órgãos de acreditação. O não cumprimento dessas normas significa que tais organizações não podem permanecer no negócio. Essas regras se estendem por todos os níveis e são encontradas nas descrições de cargos, assim como nos procedimentos de avaliação de desempenho. Dentro dessas normas, pode ou não haver espaço para variação, dependendo do setor.

## Faça dar certo!

Qualquer que seja o sistema que seu departamento ou sua empresa utilize para estabelecer padrões de desempenho, como gestor, é sua função fazê-lo funcionar. Se os colaboradores suspeitarem que sua participação tenha sido só fachada, acabou a colaboração e o trabalho em equipe. Isso é um convite à frustração, à decepção e a políticas de escritório.

---

Mesmo quando parece haver pouca liberdade para a participação dos colaboradores para estabelecer padrões, geralmente há pequenas áreas abertas à influência. Por exemplo, um hospital deve exigir que os profissionais em áreas que requerem um cuidado especial com os pacientes usem determinadas roupas e equipamentos de proteção individual (EPIs) para resguardá-los de doenças infectocontagiosas. Permitir que os colaboradores escolham roupas de várias cores, padrões e desenhos lhes confere um código de vestimenta com o qual possam conviver porque eles o desenvolveram.

## Implementação e ajuste

Para atender aos padrões de desempenho, é preciso mais do que apenas satisfação pessoal. Os salários, assim como quaisquer bônus, geralmente dependem de quanto os colaboradores atendem a esses padrões. Algumas empresas atribuem um valor percentual a cada padrão. Embora o envio de anotações de *follow-up* possa valer apenas 2%, essa função é essencial para a satisfação do cliente, o que, por sua vez, pode valer 25% do total de pontos. Esse tipo de sistema confere importância ponderada às funções-chave, mas torna todas as atividades essenciais para o todo.

## Apoiar o crescimento individual

As pessoas não trabalham simplesmente porque não têm nada para fazer o dia todo ou porque querem salvar o mundo. Elas querem crescer em suas carreiras ou, pelo menos, ganhar mais dinheiro. E querem que você, seu gerente, lhes mostre como fazer isso. Qualquer processo de avaliação de desempenho deve incluir metas pessoais de curto e longo prazo. Essas metas, talvez mais do que as do departamento e da empresa, mudam e evoluem. Para cada membro da sua equipe, considere as perguntas a seguir.

- Que medidas o colaborador precisa adotar para crescer no trabalho e no departamento?
- Que recompensa ele pode esperar por atingir tal crescimento?
- Qual pode ser o seu próximo passo na carreira?
- Quais são as suas perspectivas para daqui a alguns anos?

Naturalmente, é essencial que o colaborador participe da formulação de seus objetivos pessoais, uma vez que ele e o gestor precisarão entrar em acordo em relação a tais metas. Também é importante que você ajude os membros da sua equipe a identificar seus pontos fortes, aonde esses pontos podem levá-los, e como esses colaboradores podem mudar ou melhorar suas opções, fazendo determinados cursos de treinamento ou aprendendo habilidades especiais (Você está adotando sua postura de mentor?). Se não conseguir ajudar um colaborador a definir com sinceridade seu próximo objetivo de carreira, você está mostrando a ele uma parede de tijolos.

## A importância dos padrões de desempenho

Padrões de desempenho, embora um tanto burocráticos, são também uma maneira de garantir tanto a percepção quanto a prática de um tratamento justo – algo que gerentes e colaboradores desejam.

Com colaboradores cujas habilidades brilham, essa é uma parte fácil mas agradável de seu trabalho. É emocionante ver as pessoas crescerem, se desenvolverem e atingirem seu potencial. No entanto, há quem escolha objetivos de carreira que suas capacidades e habilidades não sustentam. Como mentor, você pode ajudar tais colaboradores a encontrar caminhos mais alinhados com os seus talentos – ou encontrar maneiras para que sigam com sucesso as direções que lhes interessam.

# TORNE SEU DIA PRODUTIVO

Agilize e simplifique tarefas

A maioria das pessoas tem certa dificuldade em administrar seu tempo. Quando as dificuldades surgem, às vezes começamos a jogar a culpa nos outros.

- "Eles mudaram a meta outra vez!"
- "Ele sempre quer tudo para ontem."
- "Se ao menos eu não fosse interrompido a cada cinco minutos, conseguiria realmente trabalhar."
- "Passei o dia inteiro atendendo o telefone."

Todos fazemos isso, mas já notou como é simples culpar a todos ou tudo o mais pela dificuldade que você tem de lidar com seu tempo?

"Então você está dizendo que é tudo culpa minha?", talvez você questione. É claro que não é o que estou dizendo! Nosso trabalho e as pessoas com quem trabalhamos exigem o nosso tempo, mas "culpa" não é a questão aqui. Atribuir culpas pode nos fazer sentir melhor, mas não resolve o problema.

A solução para uma gestão eficaz do tempo está em sua atitude. Pessoas que admitem ter dificuldades em organizar seu tempo estarão 90% mais próximas de resolver o problema quando assumirem a responsabilidade por suas próprias ações. Há apenas tantas horas por dia e cabe a você saber como gastá-las – seja realizando o trabalho que deve ser feito ou deixando que interrupções e outras distrações desviem sua atenção daquilo que você precisa fazer. É provável que nenhuma melhoria ocorra, a menos que você reconheça que a única pessoa que pode mudar positivamente qualquer coisa em relação a isso é você.

É muito difícil mudar os hábitos e as práticas dos outros. Portanto, pergunte-se o que você faz (ou não faz) que contribui para o problema e como você mesmo pode mudar a situação. Escreva algumas soluções possíveis. Você provavelmente descobrirá que tem mais controle do que pensava e poderá, ao menos, fazer algo para ajudar a remediar o problema.

# URGENTE NÃO É NECESSARIAMENTE IMPORTANTE

É incrível como é fácil confundirmos "urgente" com "importante".

Por exemplo, o que acontece quando o telefone toca? 99% das vezes, você o atende. Os telefones parecem ter uma maneira de incutir um sentimento de urgência; pelo próprio ato de tocar, eles exigem ser atendidos.

No entanto, o telefone em si não é o problema. Pelo contrário, a questão é o problema que está sendo transmitido por quem está ligando; muitas vezes, é uma questão "urgente", mas pequena. Só porque algo é "urgente", nem sempre significa que seja importante. Contudo, devido à sua urgência e ao fato de que muitas vezes se concentram nos prazos, os itens urgentes parecem sempre ganhar prioridade.

Então como separar o joio do trigo, ou seja, o urgente do importante? Primeiro, tente não reagir à pressão de uma tarefa urgente. Acrescente-a à sua lista de afazeres e categorize sua prioridade (alta, média ou baixa) com base tanto na "urgência" quanto na "importância". Lide com outras tarefas da mesma maneira, lembrando-se de que:

- Alta urgência é a necessidade de que algo seja feito imediatamente;
- Alta importância é aquela que se relaciona a um objetivo crucial – isto é, algo com um impacto real.

Então olhe para sua lista e decida em que ordem as várias tarefas devem ser realizadas. Aquelas de alta urgência e importância são feitas imediatamente, gastando-se nelas o tempo que for necessário. As urgentes mas sem importância devem ser concluídas rapidamente, mas você não deve gastar muito tempo com elas. Estabelecer um limite de tempo para cada atividade pode ajudar.

Atente também às tarefas que são importantes mas não urgentes – atividades de treinamento e manutenção, por exemplo. Certifique-se de programar essas tarefas para que não sejam "deixadas de lado" devido a outras urgentes e/ou sem importância.

# ESCREVA E CUMPRA

As listas de tarefas seriam uma invenção maravilhosa se não parecessem crescer mais rápido do que conseguimos reduzi-las. Alguns acreditam que deveríamos escrever essas listas em rolos de papel higiênico, porque só ficam cada vez mais longas. É uma ideia não só prática mas também reciclável!

A maioria das pessoas mantém algum tipo de lista de coisas para fazer – em um caderno, em notas adesivas e assim por diante. Isso pode não só ser incômodo como também se perder. "Eu tinha uma anotação sobre isso aqui em algum lugar", elas dizem enquanto procuram freneticamente em uma montanha de papéis.

Há algumas maneiras de lidar com uma lista de tarefas. A primeira seria anotar as tarefas em uma agenda, seja eletrônica, seja em papel. A lista estaria então no mesmo lugar que seus compromissos e reuniões. Essa abordagem tem duas vantagens:

1. É menos provável que a lista seja extraviada – a não ser que você perca sua agenda!
2. Ao atribuir as tarefas a determinados dias, elas ficam mais visíveis – a maioria das pessoas olha a agenda pelo menos uma vez por dia. Portanto, é mais provável que você cumpra

as tarefas quando elas precisam ser feitas, em vez de deixá-las para o último minuto.

"Mas e se eu não fizer ou não terminar alguma coisa?", você pode perguntar. Estipule que seja realizada no próximo dia disponível e anote na agenda. A duplicação irrita, por isso há uma motivação embutida para completar tal atividade em vez de reescrevê-la repetidas vezes.

A segunda maneira de lidar com uma lista de tarefas é comprar um quadro branco e colocá-lo em um lugar de destaque no seu ambiente de trabalho. Se você o vir diariamente, pode acompanhar vários projetos. Há também uma sensação de satisfação quando você limpa uma atividade (embora, é claro, ela vá ser substituída por uma nova).

Independentemente do sistema que você utilize, o ato de riscar uma tarefa concluída proporciona uma sensação de realização, mesmo quando lhe lembra o que resta fazer naquele dia. Um benefício adicional de registrar todos os seus afazeres é que isso reduz qualquer preocupação de que você se esquecerá de fazer alguma coisa. Ainda que talvez você nunca complete todas as tarefas, não será porque você esqueceu, mas porque escolheu priorizar outra atividade.

## Qualquer sistema funciona, desde que seja seu

Sejamos realistas, há muita pressão para comprar a última invenção que supostamente nos ajudará a dominar o tempo, seja um sistema eletrônico, um telefone celular ou um *planner* caro de couro. Gaste algumas centenas, e *voilà* – seus problemas de gerenciamento de tempo serão resolvidos!

Quem dera... Muitas vezes, esses métodos de organização forçam você a fazer as coisas à maneira deles, o que talvez não o ajude a alcançar aquilo que você deseja. Ou, às vezes, o sistema pode ser tão complicado que você perde muito tempo para descobrir como planejar seu dia. Independentemente disso, como consequência, apenas uma pequena parte do sistema é realmente utilizada – ou nenhuma.

Na verdade, qualquer método vai funcionar, desde que seja compatível com seus hábitos de trabalho. Se escrever uma lista de afazeres no verso de um envelope funcionar, então faça isso. Da mesma maneira, se o uso de uma agenda muito cara, encadernada em couro, o faz sentir-se bem e o estimula a administrar seu tempo de modo mais eficaz, isso também é bom. Conclusão: seu sistema deve se adequar a você e a seus hábitos e estilo de trabalho.

Se seu método de organização atual está deixando algo a desejar, anote o que qualquer novo método deve fazer por você. Então, e somente então, você deve olhar para as opções disponíveis. Certifique-se de incluir aquelas que modificam seu sistema existente.

Se você usar um sistema computadorizado de gerenciamento de tempo, certifique-se de que ele possa sincronizar-se com seu calendário. Dessa maneira, todos os registros serão consistentes e você evitará escrever tudo duas vezes (o que, por si só, pode levar a erros).

## NÃO CORRA SEM RUMO – ORGANIZE UM DIA DE ROTINA

Já notou como algumas pessoas parecem ser mais organizadas do que outras? Elas reagem imediatamente a cada demanda de seu tempo – a última é sempre aquela que enfrentam no momento. No entanto, o que deveriam estar fazendo é muitas vezes diferente daquilo que estão realmente realizando!

Sem dúvida, há aqueles que gostam de se jogar "de última hora" nas situações. Embora tal atitude possa proporcionar certa adrenalina, não é necessariamente uma prática eficaz. A maioria de nós sofre alguma pressão moderada e, muitas vezes, sente que seu desempenho melhora sob essas circunstâncias. O que acontece, porém, se essa pressão se tornar permanente? Ou a normalizamos e ela deixa de ter o efeito motivador, ou nos coloca em sobrecarga de estresse, resultando em burnout. Tampouco é eficaz.

Na maioria dos trabalhos, há uma série de tarefas rotineiras que devem ser realizadas com regularidade – ler as correspondências, verificar e assinar as despesas, preparar o relatório mensal e assim por diante. Essas atividades são, em geral, bastante enfadonhas. Alguns de nós procuramos qualquer desculpa para fazer algo que considera muito mais interessante e agradável, e acabamos usando as demandas recebidas como uma maneira "justificável" de evitar tarefas mundanas... "Desculpe, eu não terminei o relatório porque passei a maior parte do dia ajudando Jane com aquele problema no computador." A verdade aqui é que gostamos mais de lidar com o problema no computador do que de escrever o relatório, por exemplo, e por isso a atividade rotineira deixou de ser realizada.

Entretanto, você pode fazer tudo o que precisa ser feito se passar os primeiros dez minutos do seu dia de trabalho dividindo as tarefas em duas áreas: aquelas que você deve realizar e aquelas que você gostaria de realizar, se houver tempo.

Se for o caso, planeje fazer os itens de rotina (entediantes) primeiro. Tendo completado esses, recompense-se com algo interessante ou agradável.

## LIDANDO COM A POLÍTICA DE ESCRITÓRIO E AS INTERRUPÇÕES

De novo, é a regra 80/20: 80% de nossas interrupções são causadas por 20% das pessoas.

Você já esteve sentado à sua mesa e viu um membro da equipe indo na sua direção e pensou *Ah, não. Não você, não hoje. Por favor!*? Essa pessoa chega, pega a cadeira mais próxima, toma uma posição confortável e... você sabe que a sessão será longa!

A questão é que, até que essa pessoa comece a falar, você não tem ideia se o assunto é importante. Se for urgente ou importante, a interrupção é válida. No entanto, o que fazer se ela quiser falar onde passou as férias ou sobre o neto, mas você tiver que terminar de se preparar para uma apresentação que vai acontecer em dez minutos?

A resposta é simples: à medida que esse colaborador se aproximar de sua mesa, levante-se. Para a maioria das pessoas, sua linguagem corporal transmitirá que, no momento, se sentar na cadeira de visitante é inoportuno. No máximo, ele ficará na esquina de sua mesa por um curto período, mas não é uma posição tão confortável, o que dá a ele um incentivo para não se demorar. Você pode dizer algo do tipo: "Bom dia, David. O que posso fazer por você?". É provável que a resposta dele lhe informe o que você precisa saber. Então você o convida para sentar-se ou sugere que conversem mais tarde.

A política do escritório e os assuntos organizacionais também podem causar estragos na sua gestão do tempo. Festas de aniversário, promoções e outros eventos, até reuniões com toda a empresa sobre assuntos de política geral: tudo isso pode bagunçar seu dia bem planejado. Se possível, permaneça por alguns minutos, depois peça desculpas e ausente-se, a menos que a reunião seja essencial para o desempenho de seu trabalho ou de seu papel como gestor. Se a reunião for sobre reestruturação organizacional, por exemplo, os colaboradores terão perguntas, e você precisará estar disponível para respondê-las.

Mesmo que a maioria de nós acabe fazendo política de escritório, lembre que é você quem tem o controle de seu nível de envolvimento. Você pode ficar de pé ao lado do bebedouro ou pode trazer sua própria garrafa de água e realizar seu trabalho.

Ainda outra questão de tempo que os gerentes enfrentam é o que é conhecido como "macaquinho pulando". Isso ocorre quando um colaborador ou associado entra, senta, relata um problema (um "macaco" no ombro dele) e espera que ele se torne seu – isto é, ele transfere o "macaco" dos ombros dele para os seus!

Gerentes experientes devem cuidar do "macaco" na hora, sugerindo maneiras de resolver o problema e, se apropriado, solicitando feedback sobre quaisquer ações tomadas como resultado de sua(s) sugestão(ões).

## ESPERE O INESPERADO

Pense em uma agenda do dia recente e pergunte-se se você completou todas as tarefas dela. Se só fez a maior parte ou um pouco dela, por que isso aconteceu?

É mais provável que seu planejamento tenha ido por água abaixo devido a imprevistos que demandaram seu tempo. "Mas espere", você pode dizer. "Não posso planejar o inesperado, posso?" Na verdade, pode.

Pergunte-se quanto trabalho você realmente planejou executar em oito horas. Muitos planejamentos diários alocam quase oito horas de trabalho a ser feito em uma carga horária de oito horas. Em outras palavras, não há margem de manobra para lidar com o inesperado e, quando ele surge, o plano é interrompido. Será mesmo realista planejar oito horas completas de trabalho durante uma jornada de oito horas?

De uma a duas horas – talvez mais – de seu dia provavelmente serão gastas "apagando incêndios". Você não pode planejar as tarefas reais que vão surgir naquele dia, mas pode separar um tempo para lidar com os imprevistos! Mantenha um registro por alguns dias para ver quanto tempo você gasta em atividades inesperadas.

Uma vez que você conheça essa média, considere-a em seus planos diários. Suponha que você gaste duas horas do seu dia para lidar com imprevistos. Isso significa que você precisa planejar cerca de seis horas de trabalho. Embora tal planejamento seja uma ciência imprecisa, é mais provável que você cumpra as tarefas designadas porque as definiu dentro de um prazo mais realista.

# RESOLVENDO PROBLEMAS COM CRIATIVIDADE

Passos para uma solução

O termo mais comum para "problema" na linguagem corporativa atual é "questão", uma espécie de plástico-bolha que se enrola em torno da situação para fazê-la parecer menos dura. (Às vezes, um problema também é chamado de "desafio").

Por exemplo, se alguém disser "Tenho algumas questões com isso", ele provavelmente receberá uma reação menos negativa ou defensiva do que se disser, sem rodeios, "Tenho um problema com isso". Logo de cara, a palavra "problema" pode levantar bandeiras vermelhas.

Imagine que seu computador tenha dado um problema. Digamos que você ligue para o atendimento ao cliente bem irritado com essa situação. O que acontece? É provável que quem o atendeu não se sinta muito disposto a ajudá-lo e não lhe ofereça uma solução satisfatória. Entretanto, o que você acha que pode acontecer se você se aproximar desse mesmo atendente, mas com tato, em modo de equipe ("Esta situação causou uma grande confusão, e eu gostaria de saber se você pode me ajudar")? É bem capaz que o atendente fique mais disposto a ajudá-lo e lhe ofereça uma solução satisfatória. O mesmo se aplica a seus colaboradores. O truque é manter um senso de perspectiva e "frieza", especialmente antes de você ter todos os fatos (geralmente, é mais fácil de fazer no local de trabalho do que quando se trata de representantes de atendimento ao cliente).

Ao lidar com um problema (ou uma questão), faça o necessário para saber por que algo está acontecendo a fim de reforçar (se for positivo) ou corrigir (se for negativo) a situação. Se você tomar medidas sem conhecer a causa, poderá gerar uma reação que não tem nada a ver com o que está realmente acontecendo. Não pressuponha nada até que você esteja ciente de todos os fatos.

# SEPARE CLARAMENTE
# CAUSA E EFEITO

Analisar a causa requere, por definição, lidar com causa e efeito. Às vezes, as pessoas não separam causa e efeito ou ficam tão confusas que tentam lidar apenas com o efeito, não com a causa.

O problema é que a causa de algo pode ser o efeito de uma causa ainda mais profunda. Como saber, então, até onde ir nessa análise? Talvez isto o ajude a ilustrar a dificuldade:

- O aquecedor a óleo da casa quebrou, o que foi causado pelo...
- Mau funcionamento da bomba de óleo, que foi causado pela...
- Fiação elétrica que está ruim, o que foi causado pelo...
- Eletricista que não colocou a fiação direito, o que foi causado pelo...
- Mau treinamento do eletricista, o que foi causado por... E assim por diante.

Como você pode ver, substituir o aquecedor é lidar com o efeito, e isso resolveria o problema apenas temporariamente até que a fiação fosse refeita. Ou seja, nesse caso, fazer somente a primeira ação é muito superficial. No entanto, descer até o final da lista também é uma estratégia ineficaz para resolver o problema – você provavelmente não pode fazer muito em relação ao treinamento daquele eletricista! A solução mais prática, portanto, é pedir a um eletricista qualificado que religue o sistema e depois substitua o aquecedor.

Assim, a pergunta lógica é: "Até onde preciso voltar para resolver este problema com praticidade?". Para chegar a uma resposta, você precisará saber onde termina sua responsabilidade e onde começa a dos outros. Sabendo isso, você consegue identificar as causas dos problemas que você precisa resolver.

## CONSTRUA A PARTIR DE UM PONTO SÓLIDO

Ao olhar para uma situação de anormalidade, contar com bons catalizadores, contar com um bom conjunto de blocos de partida – isto é, uma base sólida para começar – é essencial. Costumamos generalizar as coisas com muita facilidade. Damos até títulos a alguns de nossos problemas maiores ou de longo prazo: a questão da fatura, a briga das vendas, o problema das faltas e assim por diante. Todos acreditam saber o significado de cada termo, mas, muitas vezes, os indivíduos têm visões bastante diferentes que nem sempre coincidem. Usemos a questão do atraso na emissão de faturas como exemplo. Um administrador pode considerar esse problema como a necessidade de uma equipe mais motivada para processar as faturas com mais rapidez, enquanto o gerente de faturamento enxerga nisso um requisito para melhores instalações de informática. O gerente de vendas vê como a razão pela qual as faturas muitas vezes ficam incorretas, enquanto o colaborador de faturamento considera como uma gestão esperando o impossível.

Definir os blocos de partida de modo correto ajuda um atleta a evitar jogos ruins ou que não levarão a nada. O mesmo se aplica à análise da causa: se o início estiver certo, o resto se torna mais fácil e não é preciso compensar o tempo perdido ou corrigir erros.

Antes de iniciar qualquer análise detalhada, descubra exatamente qual desvio da situação você está tentando analisar e pergunte:

- O que ou quem está envolvido?
- Exatamente qual é o desvio do normal?

Aplicando essas perguntas à questão das faturas mencionada, por exemplo, você pode acompanhar os processos pelos quais as faturas passam e descobrir quais estão atrasadas. Assim, você começará a definir a causa do problema.

Os desvios também podem ser positivos, de modo que você pode aplicar os mesmos princípios para definir os blocos de partida também para eles.

## DEFINA O PROBLEMA DE MODO EFETIVO E SEJA ESPECÍFICO

"De modo efetivo", aqui, significa ser sistemático na coleta de informações relevantes. Seu primeiro impulso pode ser anotar tudo o que você sabe sobre o assunto – dados, causas prováveis, mais dados, ações possíveis e assim por diante, tudo misturado. Entretanto, ao agir assim, você pode estar se precipitando.

A análise da causa deve ser sistemática, caso contrário, corre o risco de entrar em becos sem saída apenas para descobrir – algumas vezes bem mais tarde – que precisa voltar à rota principal. Além disso, de pouco adianta tentar verificar uma possível causa até que você tenha alguns fatos que possa julgar se são ou não a verdadeira razão do desvio.

Primeiro, decida se você já sabe por que o problema existe. Se você tem certeza absoluta de que sabe a causa, então não precisa analisá-la.

Se você não sabe ou não tem certeza do motivo da existência do problema, use as perguntas a seguir para orientá-lo na coleta sistemática de dados sobre ele.

- O que está acontecendo?
- Quando isso aconteceu?
- Como apareceu?

- Onde está acontecendo?
- Quem está envolvido?

Ao coletarem dados sobre o desvio (bom ou ruim), as pessoas tendem a generalizar. Suponha, por exemplo, que haja um problema com as faturas que saem atrasadas. As perguntas que você já fez podem gerar as seguintes respostas:

- O quê? Faturas.
- Por quê? Não há muita certeza, pode ser o computador.
- Quando? Este trimestre.
- Como? Na reunião de gestão.
- Onde? Departamento de contas.
- Quem? Equipe de contabilidade.

Essas informações são genéricas demais para ser de muito uso prático, portanto aprofunde-se fazendo perguntas específicas e pontuais. Se você estiver tentando obter informações de pessoas que estão generalizando, tente acrescentar a palavra *exatamente* a cada pergunta:

- O quê (exatamente)? Todas as faturas de móveis acima de 1.500 dólares saem com dez dias de atraso.
- Por quê (exatamente)? A causa é desconhecida.
- Quando (exatamente)? Desde 1º de março deste ano.
- Como (exatamente)? Relatado pelo líder da seção de faturamento na reunião de 30 de março.
- Onde (exatamente)? Seção de faturamento, departamento de contabilidade.
- Quem (exatamente)? Somente os colaboradores da seção que lidam com faturas de móveis acima de 1.500 dólares.

# USE GRÁFICOS E DIAGRAMAS PARA AJUDAR

Quando se tenta definir um problema, as palavras sozinhas podem ser restritivas. Às vezes, é difícil discernir o que está acontecendo, ou onde, usando-as apenas. Todos já ouvimos a frase "Uma imagem vale por mil palavras". No caso da análise da causa, uma imagem ou um diagrama também pode economizar mil palavras!

Gráficos ou diagramas ajudam na definição de um problema, pois incluem informações adicionais. Esses auxílios visuais ajudarão a delinear claramente quem fez o quê, além de classificar as informações em grupos de dados relevantes. Por exemplo, um gráfico de barras pode mostrar as taxas variáveis de retorno do produto mês a mês, permitindo determinar se existe uma tendência que deve ser abordada.

Veja outros tipos de gráficos úteis.

- Gráfico de linha – mostra a conexão entre dois conjuntos de dados, um representado verticalmente e o outro, horizontalmente. A relação é definida onde as duas escalas se interceptam.
- Gráfico de barras – semelhante a um gráfico de linha, mas com blocos sombreados em vez de uma linha de traçado.
- Gráfico de pizza – mostra os dados em proporção um ao outro.
- Lista de frequências – conta o número de vezes que uma atividade ocorre para que a frequência diária/semanal/mensal possa ser identificada.

Ilustrações também ajudam a detectar tendências, bem como fornecem um ponto de vista diferente, além de fornecerem percepções que, de outra maneira, você poderia deixar passar.

# EVITE PRESSUPOSIÇÕES, ESPECIALMENTE AO LIDAR COM PESSOAS

Em seu livro *Os quatro compromissos*, Don Miguel Ruiz[3] aconselha a não tirar conclusões precipitadas em situação nenhuma. Ele dá o seguinte exemplo: você encontra no shopping aquela pessoa por quem você tem uma quedinha. Ela sorri para você e se afasta, dando-lhe a impressão de que também gosta de você. Esse encontro pode fazer com que você crie todo um relacionamento que, na verdade, só existe em sua mente.

Esse exemplo também se aplica ao local de trabalho. Ao pressupor que X pessoa sempre reage de certa maneira ou está causando um problema em particular, você está simplesmente atribuindo culpa, em vez de lidar com os fatos.

Ruiz recomenda que se lide com suposições fazendo perguntas. "Tenha a coragem de fazer perguntas até que você tenha o máximo de clareza possível e, mesmo assim, não suponha que sabe tudo o que há para saber sobre determinada situação", escreve ele. É claro, não dá para verificar tudo. No entanto, se fizer suposições, certifique-se de que elas sejam confiáveis; ou seja, que tenham, ao menos, alguma base em fatos concretos.

A análise da causa se fundamenta em fatos, portanto identifique quaisquer suposições nos dados e verifique se elas estão corretas. Em ocasiões em que não for possível verificar um determinado ponto, marque os dados de alguma maneira para mostrar que se trata de uma suposição e não de um fato.

---

3 RUIZ, D. M. **Os quatro compromissos**: o livro da filosofia tolteca. Rio de Janeiro: BestSeller, 2021.

# DESVIOS SÃO CAUSADOS POR MUDANÇAS

Tendo coletado os dados, você agora precisa tentar identificar as possíveis causas do problema. Para qualquer desvio, pode haver muitas possibilidades. Para começar, talvez você queira analisar as mudanças que ocorreram nas categorias de recursos humanos, maquinários ou sistemas, e métodos ou procedimentos. Em seguida, examinar as entradas do processo, tais como as matérias-primas. A maneira como o trabalho chega a um grupo também deve ser investigada.

Você pode realizar um *brainstorming* individual ou em grupo para gerar várias possibilidades, perguntando: "O que poderia causar esta situação?".

As respostas a essa pergunta podem originar uma lista enorme, e talvez leve muito tempo para verificar cada uma delas. É necessário, então, adotar algum conceito ou método que reduza essa lista de possibilidades até que sobre apenas o que pode ter relação direta com o problema.

É aqui que entra a primeira Lei de Newton, que afirma: "Todo corpo continua em estado de repouso ou movimento uniforme em linha reta a menos que seja forçado a mudar aquele estado por forças aplicadas a ele". Esse conceito – que as coisas acontecem ininterruptamente até que alguma força externa venha e as perturbe – é a verdadeira chave para uma análise eficaz de causas. Digamos, por exemplo, que minha gata Savannah está dormindo (em repouso) sobre minha mesa. Eu me aproximo dela e a acaricio (uma força externa), fazendo com que ela acorde e se mova. A causa do efeito é bem evidente nesse caso. Encontrar soluções para os problemas do local de trabalho raramente é tão simples, embora a lógica seja a mesma.

Tente identificar quais mudanças relevantes ocorreram no momento (ou próximo do momento) em que o desvio surgiu pela primeira vez. Isso também o ajudará a perceber quando a mudança ocorreu. Então você poderá apontar possíveis causas a partir de tais mudanças. Por exemplo, suponha que o sistema de informática tenha sido modificado. A possível causa pode ser: "O novo sistema de computadores está defeituoso, fazendo cálculos incorretos".

## ENCONTRANDO A CAUSA SUBJACENTE OU A REAL

Agora você tem uma lista de causas possíveis. É bastante improvável que todas elas tenham causado o desvio, mas como você decide quais causas estão no cerne da questão?

Um grupo de resolução de problemas pode ser dividido em subgrupos, e cada subgrupo pega uma possível causa para verificar e relatar. Isso é uma divisão lógica do trabalho, mas você deve determinar se é mesmo necessário gastar muito tempo fazendo todas essas modificações para ver o efeito. A questão é como determinar isso.

Outros grupos podem escolher a causa que quiserem e partir para remediá-la. Isso pode ser bom, desde que eles tenham escolhido a causa certa. No entanto, você tem ideia de quanto tempo e dinheiro serão desperdiçados se não for esse o caso?

Assim, é necessário um método para "eliminar o impossível", como diria Sherlock Holmes.

---

"Quantas vezes eu já lhe disse que, quando você elimina o impossível, o que resta, por mais improvável que seja, deve ser a verdade?"

— Sir Arthur Conan Doyle, *O signo dos quatro*

---

Pegue cada uma das causas possíveis e compare-as com os dados "o quê, por quê, quando, como, onde e quem" que você coletou. Pergunte se essa causa explicaria todos os fatos que você tem. Por exemplo, digamos que uma causa possível seja "uma falha no novo sistema de computador". Usando seus dados, você consegue descobrir que o sistema foi alterado após o surgimento do problema pela primeira vez. Essa descoberta elimina essa causa!

Quando você tiver eliminado as causas impossíveis ao usar essa abordagem, o que quer que tenha restado deve ser a verdade ou, ao menos, ser muito próximo a ela.

E se você eliminar tudo? Ou um ou mais de seus fatos estão errados, ou você não viu uma mudança em algum lugar ao longo da linha.

## QUANDO TALVEZ HAJA MAIS DE UMA CAUSA

Considere o seguinte problema: a produção de partes automotivas caiu 20%. Após análise das causas, o gerente de produção fica com várias causas possíveis que não podem ser totalmente eliminadas.

- Entrega de um lote defeituoso de matéria-prima (varetas metálicas);
- Padrões de qualidade (tolerâncias sobre dimensões) agora mais rigorosos, causando mais sucata;
- Redução da produtividade devido a rumores infundados de uma aquisição não amigável;
- Maior rigor da área de Controle de Qualidade, aumentando a taxa de rejeição.

Fazer as seguintes perguntas pode ajudar a priorizar a ação:

- Qual é a causa principal – aquela que produz diretamente o problema?
- Quais são as causas contribuintes – aquelas que contribuem para o problema, mas não o causam diretamente?

No exemplo, a causa-raiz é o padrão de qualidade mais rigoroso, considerado irreal para as máquinas relativamente antigas da fábrica. Consequentemente, a produção de componentes "bons" diminuiu em 20%. Os outros fatores contribuíram para o problema, mas não o causaram de fato. Os rumores de uma aquisição foram resultado direto da incerteza gerada pela produção reduzida, enquanto o material defeituoso só se aplicava à produção de um dia. As maiores taxas de rejeição significaram uma verificação mais frequente por parte dos inspetores.

Ao investigar múltiplas causas, lembre-se de seguir o fio dos acontecimentos e continue fazendo perguntas até encontrar o único e principal fator contribuinte. Nesse caso, todas as estradas levam de volta à maquinaria ultrapassada e ao fato de que ela não poderia produzir componentes que atendessem às normas atualizadas.

# TOMADA DE DECISÃO CONSCIENTE

Escolhendo a opção certa

As *decisões lógicas* são aquelas com um número finito de opções. Seu objetivo é selecionar as que melhor atendam à exigência. Por exemplo, a escolha de um novo sistema de informática se enquadra nessa categoria, assim como a decisão de qual colaborador promover ou quem recrutar.

A escolha errada causaria problemas. Quanto mais importante for a decisão, maiores serão os problemas que surgem de uma escolha ruim. Imagine os custos (diretos e indiretos) de recrutar a pessoa errada.

As *decisões criativas* são aquelas que tratam de problemas sem soluções óbvias, portanto é preciso criá-las. Tendo gerado opções possíveis, você pode então avaliar o problema da mesma maneira que faria com uma decisão lógica. As decisões que se enquadram nessa categoria podem incluir como ampliar a comercialização dos serviços ou como aumentar a receita. As decisões criativas encorajam abordagens e ideias inovadoras e são vitais para encontrar maneiras novas e arrojadas de avançar.

## DETERMINE CRITÉRIOS ANTES DE PENSAR NAS OPÇÕES

Pense em uma decisão recente e em como você a tomou. Você provavelmente começou pesando várias opções e depois as comparando para decidir qual se adaptava melhor aos seus propósitos. Embora esse método possa ser eficaz, sua decisão pode ter sido tendenciosa sem você perceber.

Você já se convenceu de que uma opção é a melhor apenas porque gostava daquela escolha em particular? Na verdade, é bem capaz que você tenha tomado sua decisão de modo inconsciente depois de analisar aquela que lhe agradava. As opções restantes nem tinham chances de fato. Em casos assim, é fácil "dobrar" as exigências para se adequar ao nosso preconceito – sem mesmo se dar conta disso. Por exemplo, um amigo saiu para comprar uma minivan e voltou com um carro esportivo de dois assentos. A esposa sugeriu que ele então comprasse um *rack* de teto para acomodar os três filhos. Após algumas semanas, ele trocou o carro pela minivan, mas isso lhe custou muito (em vários sentidos)!

Todos têm preconceitos; o ser humano é assim. Você pode, no entanto, evitar preconceitos que criam más escolhas, estabelecendo alguns critérios antes mesmo de considerar qualquer opção. Os critérios devem descrever o ideal que você está tentando alcançar. Categorizá-los como "essenciais" ou "desejáveis" ajuda. Por exemplo, se você estiver alugando uma sala comercial, alguns dos critérios podem ser: apelo visual aos clientes e custo por metro quadrado (essencial), e proximidade ao transporte público e duração do aluguel (desejável). Não tem problema nenhum incluir gostos e aversões em seus critérios, desde que sejam apropriados (e legais).

## CONSIDERE UMA SÉRIE DE OPÇÕES, INCLUINDO NÃO FAZER NADA

Outro potencial preconceito é quando você limita as opções, de modo não razoável, a uma ou duas que lhe agradam, ou não leva em consideração aquelas que já funcionaram antes. Com exceção das decisões "sim/não", raramente há poucas opções.

Você percebe esse problema quando você se ouve (ou ouve outra pessoa) dizer: "Mas nós sempre fizemos assim". O medo do desconhecido pode facilmente gerar um preconceito irracional contra abordagens novas ou diferentes de fazer as coisas.

"Se no seu emprego as pessoas gostam umas das outras, confiam umas nas outras, confiam na administração, têm orgulho de onde trabalham, elas vão entregar um bom produto."

— Jeff Smisek, ex-CEO, Continental Airlines

Na outra ponta da escala, algumas discussões de tomada de decisão nunca consideram a opção "ficar como estamos". O caminho a seguir deve representar uma melhoria em relação à posição atual. Se você não considerar a posição atual, como pode medir a melhoria? E, se ela estiver funcionando, por que consertá-la?

Analise as opções que estão sendo geradas, incluindo a opção "ficar como estamos", e pergunte-se se elas representam uma faixa razoável de possibilidades.

# CONSIDERE RISCOS E BENEFÍCIOS

A maioria das pessoas analisa os benefícios das opções disponíveis ao tentar tomar uma decisão. Há quem, no entanto, acredite que considerar os riscos atrai negatividade para o processo. Consequentemente, os riscos recebem pouca ou nenhuma atenção. Em alguns ambientes de trabalho, as pessoas acham que sugeri-los é inaceitável, por isso se mantêm caladas sobre eles.

No extremo oposto do espectro, estão aqueles que só optam por decisões "seguras", ou seja, aquelas com risco aparente mínimo. Embora tais decisões pareçam seguras, a questão deveria ser: "Será que a opção de baixo risco produzirá de fato o melhor resultado?". Talvez haja uma opção melhor, com riscos mais altos (ainda que manejáveis), mas que traga benefícios muito maiores.

Uma boa tomada de decisão considera tanto os benefícios quanto os riscos de cada possibilidade. A opção perfeita ainda tem que ser inventada. Tente considerar a gravidade e a probabilidade do risco de modo a revelar sua significância.

Considere a questão do aluguel de uma sala comercial (um problema bastante comum para as empresas). A opção "A" pode estar próxima ao transporte público, ser visualmente atraente para os clientes e ter um baixo custo por metro quadrado (atributos que todos pontuam alto na escala de benefícios); e pode ter um aluguel de curto prazo (colocando-a baixo na escala de riscos). Por outro lado, a opção "B" pode não ter apelo visual, ter um custo alto por metro quadrado e não estar próxima ao transporte público (atributos que têm pontuação baixa na escala de benefícios). Mesmo que essa tivesse o mesmo aluguel de curto prazo (tornando ambas as opções iguais na escala de risco), a opção "A" é a melhor.

A tomada de decisão é um ato de equilíbrio – pesando os benefícios de cada opção em relação aos riscos. Se houver uma opção com mais benefícios e menos inconvenientes, a decisão é fácil. Se, por outro lado, houver uma opção com altos benefícios/riscos elevados, pergunte se é possível reduzir ou administrar esses riscos de modo que valha a pena usufruir dos benefícios.

# TOMADA DE DECISÃO EFICAZ EM GRUPO

A tomada de decisões em grupo pode se tornar algo bastante intenso. Uma pessoa quer "A"; a outra é a favor de "B". Os ânimos podem se exaltar quando os dois pontos de vista opostos se chocam. A coisa pode se transformar em uma luta de poder que não beneficia ninguém.

Uma maneira de contornar essa situação é cada lado apresentar sua perspectiva ao grupo, com o objetivo de encontrar uma solução satisfatória (veja o capítulo sobre solução criativa de problemas). Você pode fazer isso utilizando quadro branco, apresentações em

PowerPoint, *flipcharts* ou qualquer método que apresente de modo efetivo os pontos convincentes de cada parte. Peça a esses colaboradores que compartilhem com você suas opiniões e, então, resuma-as para apresentar a todo o grupo. Cada um apresentará, no tempo devido e sem interrupções, sua posição usando o método apropriado para tal. Desse modo, os prós e contras de cada ponto de vista serão enumerados, e a decisão será baseada em fatos – o que faz mais sentido para o grupo e para a organização. Essa abordagem envolve toda a equipe na decisão. Não se trata mais da pessoa, mas da situação.

Uma discordância saudável é boa e deve ser encorajada, desde que todos os participantes atenham aos fatos e evitem apontar dedos e fazer acusações. Se você sentir que uma discussão mais pessoal está prestes a irromper, é melhor dar um tempo. Se não for necessária uma decisão imediata, sugira que as partes contrárias reúnam informações pertinentes e as apresentem em uma data posterior.

# DECIDINDO NA BASE DE BENEFÍCIOS *VERSUS* DESVANTAGENS

Se você perguntar à maioria das pessoas como elas tomam as decisões, elas, em geral, dirão algo do tipo: "Eu analiso os benefícios das opções, faço o mesmo com as armadilhas e depois escolho".

Se todos usam os mesmos processos de decisão, então por que divergimos tanto em nossas escolhas? A maioria de nós já participou de reuniões em que alguém se opôs com veemência à opção que desejávamos ou apoiou uma que nunca escolheríamos. Na maior parte dos casos, isso se deve a diferenças em "julgamentos individuais". Cada pessoa acredita que seu raciocínio está correto. No entanto, a verdade é que é mais uma questão de opinião.

Ao considerar vantagens e desvantagens, a balança pode pender mais para um lado do que para outro. Para alguém com um ponto de vista "copo meio vazio" (pessimista), os obstáculos vão se destacar mais que os benefícios, enquanto a pessoa com o ponto de vista "copo meio cheio" (otimista) verá o contrário: as vantagens serão mais significativas do que os riscos. Desse modo, é provável que essas pessoas favoreçam opções diferentes.

Como gerente, você precisará encontrar uma maneira aceitável de avaliar com objetividade tanto os benefícios quanto os inconvenientes das opções por meio de uma escala de pontuação ou uma classificação "alta, média ou baixa". Lembre, porém, que os números são apenas uma expressão de seu julgamento coletivo. Esses métodos parecem funcionar muito melhor do que argumentos emocionais carregados de frustração, especialmente quando as pessoas se sentem compelidas a defender seus raciocínios e julgamentos.

## VOCÊ NUNCA TERÁ TODAS AS INFORMAÇÕES. DECIDA!

Tomar uma decisão é, muitas vezes, um dos momentos mais difíceis que um gerente pode enfrentar. Algumas pessoas estão preparadas para assumir riscos que acompanham a tomada de decisões, outras não. No entanto, uma pergunta que todos os gestores se fazem é: *Eu tenho todas as informações de que preciso?*

Alguns querem colocar tudo tim-tim por tim-tim antes de decidir qualquer coisa. Eles agem assim para reduzir as chances de errar. Entretanto, isso é não só impossível como impraticável. Com que frequência alguém tem todas as informações que gostaria de ter? Raramente podemos ter certeza de todos os fatos, e muitas decisões são baseadas em pelo menos algumas suposições.

As pessoas, compreensivelmente, querem tomar a decisão correta, mas precisam aceitar que não terão todos os dados de que gostariam. A questão deve, então, ser reformulada: "Eu tenho todas as informações essenciais para tomar uma decisão fundamentada?". Decisões costumam, em certa medida, prever o futuro, e algumas suposições são, portanto, inevitáveis.

Se você pudesse garantir que todas as suas decisões sejam corretas, você seria, pelo menos, milionário! (Mas as demais pessoas também, já que teriam usado a mesma técnica.) Tudo o que você pode desejar é que tenha sucesso com as decisões importantes que tomar. Como é impossível evitar alguns erros, nenhum gerente deve esperar a perfeição na tomada de decisões.

Quando é necessário decidir, não tomar uma decisão pode ser um problema muito maior do que tomar uma decisão errada. É como um slogan dos anos 1960: "Não decidir é decidir".

# ESTIMULANDO A CRIATIVIDADE

O valor do *brainstorming*

Embora muitas das decisões que você e os membros de sua equipe tomam pareçam rápidas e fáceis, outras exigirão um processo mais criativo. Enquanto algumas decisões e ideias virão de membros individuais da equipe, outras podem surgir de atividades em grupo. É aqui que entra a atividade conhecida como *brainstorming*.

O *brainstorming* não é necessário nem apropriado para cada tomada de decisão. Provavelmente, 80% das coisas que decidimos se enquadram na categoria de decisões rápidas. Alguém pergunta se pode ter folga amanhã ou se pode pegar seu computador emprestado por algumas horas. Há quem reflita sobre cada questão, mas a maioria de nós simplesmente reage de imediato a esses pedidos diários e usa a "intuição" para tomar uma decisão. Em outras palavras, sua decisão parece naturalmente correta no momento.

Entretanto, uma tomada de decisão rápida não significa que seja "instantânea". Em geral, há algum tempo de reflexão, mesmo que apenas um ou dois minutos. Muitas vezes, as opções são simples: ou um "sim", ou um "não".

Talvez, mais do que outros tipos de profissionais, os gestores precisem analisar duas questões antes de tomar decisões, mesmo as pequenas.

1. Quais são os critérios essenciais?
2. Quais são os principais riscos em ambas as opções?

Suponha, por exemplo, que alguém peça emprestado seu computador durante a tarde. Antes de responder de modo automático, você pensa:

- Posso terminar aquele relatório imprescindível para a diretoria até a hora do almoço (critério);

- "Sim" significa que não terei acesso ao computador (risco "A"), mas, como vou ligar para os clientes, é provável que não precise dele;
- "Não" significa que possivelmente a pessoa consideraria que eu não quero ajudar (risco "B").

Nessa situação, as ramificações do risco "B" – ser visto como alguém que não quer ajudar – superam as do risco "A", ou seja, embora você precise do computador às vezes, não é o caso essa tarde. Conclusão: concordar com o pedido é a melhor escolha.

Talvez, de modo inconsciente, você já faça algo assim. No entanto, perguntar a si mesmo essas duas rápidas questões antes de tomar pequenas decisões deve ajudá-lo a contornar as consequências da falta de ação (o "prazo limite" passa, e, com isso, todos os problemas que isso acarreta) ou uma "reação instintiva" muito idiota (você quer ser gentil, então empresta o computador, mas de fato precisava dele e agora vai atrasar seu trabalho) que causa mais problemas do que resolve.

Agora vamos passar a decisões mais complicadas. Muitas vezes, elas têm grandes implicações para a equipe ou mesmo para a organização como um todo. Essas são as decisões para as quais você quer obter a adesão de todo o grupo.

## *BRAINSTORMING* COMO MÉTODO CRIATIVO

Todos podem ser criativos, mas alguns parecem abraçar a criatividade com mais facilidade do que outros. As pessoas costumam relacionar criatividade a traços de personalidade: por exemplo, "pessoas criativas são extrovertidas". Mesmo que os introvertidos relutem mais em sugerir soluções excêntricas em um grupo, a personalidade de alguém talvez não seja a razão de uma aparente falta de criatividade. Em vez disso, pode ter relação com o modo de pensar da pessoa.

Certas pessoas selecionam mentalmente as ideias, considerando os critérios cedo demais. Por exemplo: "Eu tenho esta ideia, mas o custo dela seria alto demais, portanto não vou sugeri-la". E assim uma solução que poderia ser útil foi perdida. Por que ela é potencialmente útil, mesmo que seja muito cara? Porque, afinal, alguém poderia sugerir uma maneira de reduzir o custo dessa solução, mantendo o principal benefício. No entanto, isso não pode ser feito se a ideia nunca for sugerida.

Não estabeleça (ou mesmo discuta) nenhum critério antes ou durante uma sessão de *brainstorming* cujo objetivo seja gerar opções. Nessa fase, o objetivo é a quantidade, e não a qualidade, das ideias.

Explique à sua equipe que o objetivo da sessão de *brainstorming* é gerar ideias e opções fora da caixa de sugestões, não importa o quanto possam parecer rebuscadas inicialmente. Os critérios mais práticos serão discutidos mais tarde. Recompense os colaboradores por sua criatividade, encorajando suas sugestões.

## AS ARMADILHAS DE AVALIAR DURANTE O *BRAINSTORMING*

Alguns participantes podem tentar avaliar impulsivamente as ideias propostas durante uma sessão de *brainstorming* e dizer coisas como:

- "Espere aí, Jane. Essa ideia não será aceitável para a diretoria."
- "A oficina não vai ser capaz de fazer isso, Harry."
- "Ah, por favor, seja realista, Dave. Não há tempo suficiente para isso."

Comentários como esses matam a criatividade muito rápido, especialmente entre aqueles que estão mais relutantes em sugerir opções novas e diferentes ou os mais calmos, que também podem carecer de confiança. Eles sentem que estão sendo bastante corajosos em sugerir algo para começo de conversa e simplesmente travam diante de tais comentários. Mesmo a pessoa mais casca-grossa logo desistirá se tiver que lidar com uma negatividade contínua. Como resultado, o número de ideias será bastante reduzido.

Estabeleça uma regra clara no início – nada de avaliar as ideias alheias (ainda). Explique por que isso é tão importante e sublinhe que as ideias serão avaliadas, mas mais tarde. Você pode até mesmo indicar um dos membros da equipe como monitor para que ele interrompa a reunião imediatamente se a regra for violada.

Algumas pessoas nem se dão conta de que estão avaliando. Você pode ajudar o infrator inadvertido (e frequente) a parar esse comportamento. Com um sorriso, tente fazer uma piadinha: "Lá vem você de novo, Fred".

## ENCORAJE IDEIAS
## FORA DA CAIXA – DIVIRTA-SE!

É mais fácil cultivar ideias criativas ou inovadoras em uma atmosfera amigável, positiva e entusiasmada. As pessoas estão mais dispostas a se abrir e compartilhar seus sentimentos mais íntimos quando se sentem relaxadas e livres. É por isso que os retiros corporativos e as sessões de "construção de caráter" se tornaram tão populares – facetas novas e diferentes de uma pessoa aparecem quando ela está fora do ambiente de trabalho. Quando o colaborador é afastado de sua zona de expectativa, a situação o encoraja a apresentar novas ideias ou maneiras de operar.

É claro que é impraticável (e dispendioso) definir cada sessão de *brainstorming* em um retiro. Contudo, se a atmosfera for séria e comercial, as pessoas tenderão a fazer aquilo que é mais seguro e apenas vão propor ideias testadas e comprovadas que sabem que funcionaram no passado. Então como criar um clima propício para pensar fora da caixa?

De acordo com o consultor de recursos humanos Rafe Harwood, quatro coisas são essenciais para uma boa sessão de *brainstorming*.

- Não há crítica – por mais estranha que seja a ideia.
- A informalidade é bem-vinda – deixe a imaginação correr o mais livre possível.
- A quantidade é desejada – gere o maior número possível de ideias.
- A combinação e a melhoria são procuradas – crie a partir de ideias de outros membros.

Boas sessões de *brainstorming* podem ser realizadas em qualquer lugar, até no refeitório ou em uma sala de reunião. Incentivar o humor e o riso também é eficaz para gerar novas ideias, desde que as pessoas estejam rindo com – e não de – os outros. Gerentes eficazes notarão a diferença e contornarão essa última situação, apontando o quanto é inapropriado fazer troça dos colegas.

De vinte sugestões, talvez, surja apenas uma joia que pode ser lapidada, mas as outras dezenove são necessárias para incentivar aquela uma que será levada adiante.

# DELEGUE, DELEGUE, DELEGUE!

Confie em seus colaboradores

Delegar é confiar parte de seu trabalho como gestor (atividades ou decisões específicas) a um membro de sua equipe e dar a ele a responsabilidade e a autoridade para realizá-la. Entretanto, como gerente, você, e não o colaborador, é, em última instância, responsável e responde pela atividade.

O ato de delegar é diferente de simplesmente distribuir trabalho. Distribuir trabalho significa decidir qual membro da equipe deve realizar alguma tarefa que já é parte de sua função habitual. Delegar, por outro lado, envolve dar a alguém uma tarefa que costuma fazer parte das atribuições do gerente.

Delegar com eficiência é importante pelas seguintes razões:

- Permite que o gerente gaste tempo em atividades mais importantes.
- É uma excelente maneira de aperfeiçoar aqueles que desejam avançar na organização.
- É bastante motivador – embora, se malfeito, também possa desmotivar.

## ESCOLHA A TAREFA CERTA

Alguns gerentes acreditam que estão delegando quando, na verdade, estão apenas distribuindo atividades que normalmente já seriam realizadas por um membro da equipe.

Outros consideram delegar parte de suas atribuições, mas aí as únicas tarefas que parecem ser delegadas são aquelas que o gestor não pode se dar ao trabalho de fazer pessoalmente. Também há gerentes que só delegam quando estão com "sobrecarga de trabalho", agindo assim: "Mavis, você poderia terminar os números do relatório mensal para mim? Tenho que ir a essa reunião de departamento agora e não terei tempo de fazer isso".

Para de fato delegar, selecione quais tarefas você incumbirá aos outros. Primeiro, liste todas as suas principais atividades. Em seguida, pergunte-se qual tarefa valeria a pena delegar, pelas seguintes razões:

- Isso lhe pouparia um tempo valioso;
- Isso motivaria um membro da equipe;
- Ajudaria a desenvolver as habilidades e/ou os conhecimentos de alguém.

Agora que identificou quais tarefas poderia delegar, você precisa encontrar a pessoa certa a quem delegá-las.

## ESCOLHA A PESSOA CERTA

É provável que você consiga pensar de imediato em, pelo menos, um membro de sua equipe que consideraria como candidato principal. Tais pessoas são, em geral, experientes e precisam de muito pouco conhecimento vindo de você. Além disso, durante uma crise, elas sempre se predispõem a ajudar. Todo gestor precisa de – ou gostaria de ter – alguém assim em sua equipe. O perigo é que tal pessoa assuma responsabilidades demais. Até um burro de carga pode desabar com a sobrecarga!

Alguns gerentes nunca consideram delegar nada a um membro inexperiente ou novo da equipe porque pressupõem, talvez em seu inconsciente, que nenhuma experiência significa falta de habilidade. Como, então, escolher a pessoa certa para a tarefa?

Primeiro, pergunte-se *por que* você está considerando delegar aquela atividade. Agora pense na habilidade e no conhecimento exigidos pela tarefa para ser cumprida; e depois considere os pontos fortes e as necessidades individuais dos membros de sua equipe nesse campo em particular (discussões prévias em reuniões de avaliação ou revisão devem ajudar aqui).

Em seguida, tente combinar os requisitos da tarefa com os pontos fortes e as necessidades individuais dos colaboradores. Lembre-se: não pressuponha que falta de experiência significa falta de capacidade – algumas vezes, alguém com menos experiência desempenha aquele trabalho com uma nova abordagem e o realiza de modo mais eficiente do que alguém com experiência. Além disso, considere como a tarefa adicional afetará a produtividade e o cronograma do membro de confiança da equipe.

Uma vez que você sinta que escolheu a pessoa certa, estabeleça um objetivo específico, por exemplo: "Aperfeiçoar as habilidades e os conhecimentos de controle financeiro de Andrew dentro de três meses, delegando a ele a produção do relatório mensal de 'orçamento *versus* despesas'".

# ESCOLHA O DESAFIO CERTO

Certifique-se de que sua percepção de desafio seja compatível com a dos membros de sua equipe. Considere o seguinte exemplo:

*Karen* (a gestora): "Dawn, preciso de sua ajuda. Acabaram de me dizer que vou fazer um curso de gerenciamento na próxima semana, e temos que comprar alguns computadores adicionais. Eu tinha me programado para fazer uma proposta e discuti-la com o diretor. Como estarei fora do escritório, e você é minha mão direita, eu gostaria que você assumisse essa tarefa".

*Dawn* (a assistente, tentando não demonstrar o pânico em sua voz): "Obrigada por pensar em mim, Karen, mas nunca elaborei uma proposta; muito menos tentei persuadir um diretor com uma! Não tenho certeza nenhuma de que eu poderia fazer isso..."

Não tenho a menor ideia de como preparar uma apresentação, quanto mais fazer uma".

*Karen*: "Todos têm que começar por algum lugar. Eu fazia esse tipo de tarefa quando estava em seu cargo havia dezoito meses. Meu antecessor acreditava em atirar as pessoas na piscina para aprender a nadar, e foi assim que aprendi. Vai ser um bom desafio para você. Nada como uma reunião com um diretor para focar a mente. Tenho certeza de que você vai saber lidar com isso se tentar".

*Dawn* (ansiosa para deixar o escritório porque quer encontrar um membro mais experiente da equipe para ajudá-la a sair dessa): "Bem, eu sinceramente duvido... e você nem vai estar aqui para dar orientação".

Como você acha que Dawn vai se sair? O que é visto por Karen como um desafio é visto por Dawn como impossível. O fato de você conseguir fazer algo (ou ter conseguido quando era membro da equipe, não gestor dela) não significa que outra pessoa consiga. Afinal, todos têm habilidades, objetivos e talentos diferentes.

Antes de decidir delegar uma tarefa a determinado membro da equipe, pergunte-se se ele tem (ou pode desenvolver, no tempo disponível) conhecimentos e/ou habilidades, assim como confiança para lidar com a tarefa. Se você não tiver certeza, discuta a possibilidade com ele para entender como ele se sente sobre o assunto. Ou talvez seja interessante que a pessoa que potencialmente receberá a tarefa o acompanhe na execução dela antes de você passar-lhe de fato a responsabilidade. Deixar o colaborador no comando quando você estiver fora por um dia é um bom teste. Se, depois disso, o membro da equipe ainda considerar a tarefa impossível, considere entregá-la a outra pessoa.

# CONFIE NAS PESSOAS

Dê a elas a autoridade de que precisam

Alguns gerentes parecem bastante satisfeitos em delegar responsabilidade aos membros da equipe, mas nunca lhes dão a autoridade para realizar o trabalho direito. Nesse contexto, *autoridade* significa poder tomar decisões de modo independente. A incapacidade de delegar efetivamente muitas vezes decorre do medo. Entretanto, é bastante frustrante um membro da equipe precisar sempre consultar você, o gestor, toda vez que uma tomada de decisão – até mesmo simples – em relação à tarefa delegada for necessária.

Então como delegar autoridade sem abrir mão do controle ou abdicar totalmente da responsabilidade? A resposta é simples: permita que o membro da equipe tome decisões independentes dentro de certas limitações. Estabelecer limites ajudará a evitar desastres.

Por exemplo, suponha que você delegue a tarefa de negociar um valor com um cliente importante. O membro da equipe provavelmente perguntará: "Até onde posso ir?", ao que você poderá responder: "Nós cotamos 90 mil dólares para um módulo. Mas eles podem achar que precisam de dois e, portanto, quererem negociar. Você pode negociar um desconto de até 10% – que dá um preço mínimo de 178.200 dólares para dois módulos – ou um desconto menor e manutenção gratuita no valor de 3 mil dólares, o que você achar mais apropriado no momento. Se eles insistirem em um acordo que nos leve abaixo do preço mínimo de 178.200 dólares, verifique comigo antes de concordar com qualquer coisa".

Isso permite ao colaborador alguma margem de manobra para a tomada de decisões, mas o impede de cometer erros caros e graves.

# QUANDO TAREFAS CHATAS SÃO EXATAMENTE ISTO: CHATAS

Às vezes, o gestor quer "enfeitar" uma tarefa chata antes de delegá-la. Ele diz: "Algo muito importante surgiu, Andrea; e acho que você vai achar interessante. A diretoria quer uma análise de nossas vendas durante o último ano por produto e distrito geográfico. Você vai ter que preparar análises um dia, então que tal começar agora?".

O que o gerente quer dizer, no entanto, é isto: "Andrea, estou com pouco tempo, e nosso diretor está gritando atrás de informações. Durante as próximas horas, eu vou ditar os números, e você os digita na calculadora e me dá as respostas. A propósito, não tenho tempo para explicar direito nada disso no momento!".

Não só muitos gestores fazem dessa abordagem enganosa um hábito como também pensam que suas vítimas realmente acreditam no que eles dizem! É claro que a vítima percebe logo, então, quando o gerente diz que tem "um trabalho interessante", Andrea sabe que algo chato ou mundano está vindo. Mais cedo (em geral) ou mais tarde, as pessoas detectam essa mentira, seja intencional ou não.

Se você precisar de ajuda com uma tarefa entediante, mas necessária, diga de antemão. Se você a equilibrar delegando trabalho interessante e desafiador, a maioria dos membros da equipe estará disposta a ajudar até mesmo nos trabalhos mais rotineiros.

# ENCORAJE AS PESSOAS A PLANEJAR

Alguns gerentes acreditam que delegar envolve dizer à equipe o que é necessário, exatamente como deve ser realizado e até quando. Eles costumam ter o seguinte raciocínio:

1. "Bem, eu já fiz o trabalho inúmeras vezes e, por isso, conheço a melhor maneira de realizá-lo."
2. "Eles não sabem como fazer o trabalho, já que nunca o fizeram."

No entanto, essas são suposições incorretas. Digamos que você já tenha feito uma tarefa muitas vezes. Isso significa que você conhece a melhor ou a única maneira de realizá-la? É claro que não. Às vezes, a pessoa que executa o trabalho pela primeira vez apresenta um novo método ainda mais eficaz do que aquele que havia sido usado durante meses ou mesmo anos antes.

Qualquer que seja a tarefa, é necessário um planejamento de quem precisa fazer o quê e até quando. Em vez de sugerir o plano, pergunte aos membros de sua equipe como eles lidariam com a tarefa. Em seguida, decida se o método deles alcançaria o objetivo desejado. Se funcionar (mesmo que possa ser diferente de sua abordagem), deixe que eles o façam à maneira deles, pois estarão mais comprometidos com o caminho escolhido. Dê conselhos apenas se uma falha básica aparecer no plano que apresentaram ou se eles não tiverem ideia de como realizar aquele trabalho.

# ENCORAJE AS PESSOAS A FALAR COM VOCÊ E SEJA ACESSÍVEL

Ao considerarem a possibilidade de delegar uma tarefa, os gerentes às vezes temem perder o controle. Eles pensam: "Se eu delegar esta tarefa, não a estou fazendo, então não estou no controle dela". Tentando superar essa aparente dificuldade, o gestor estabelece datas de revisão frequentes para se reunir com o membro da equipe e conferir como as coisas estão indo. Se o colaborador não comparecer a algumas dessas reuniões, o gerente pode se perguntar por que e começar a desenvolver o tique do delegador.

De repente, o gestor vive olhando por cima do ombro do membro da equipe, perguntando como vão as coisas. Em vez de achar essa atitude útil ou reconfortante, o colaborador costuma enxergá-la, muitas vezes corretamente, como interferência ou desconfiança.

Então como manter algum controle sem interferir nem mostrar desconfiança da pessoa a quem você delegou o trabalho? Primeiro, incentive o colaborador a sugerir pontos de controle – ou seja, as etapas da tarefa em que você deve intervir e fazer uma rápida revisão. É provável que ele apresente os mesmos pontos que você apresentaria, mas agora vieram da cabeça dele, não da sua interferência. Em segundo lugar, seja acessível, permita que aquela pessoa tenha a liberdade de procurá-lo se ela desejar discutir qualquer aspecto da tarefa: "Eu lhe deleguei o trabalho porque sei que você é capaz de realizá-lo. Em vez de eu ficar o tempo todo verificando, se você quiser discutir alguma coisa, é só vir falar comigo". O colaborador agora sabe que pode obter qualquer informação que quiser a qualquer momento e recebeu o incentivo para isso.

# TODO MUNDO ERRA – ESPECIALMENTE ENQUANTO ESTÁ APRENDENDO

A princípio, delegar pode ser um pouco como aprender a dirigir: as engrenagens rangem, você empaca nos semáforos, se esquece de ligar as setas em algumas ocasiões e talvez até quase bata às vezes. Aos poucos, o aprendiz torna-se proficiente e mais hábil e experiente, e os problemas desaparecem.

Pouquíssimas pessoas possuem o dom de fazer com perfeição um trabalho com o qual não estão familiarizadas logo na primeira vez. A maioria dos gerentes sabe disso e, para ajudar, eles são muito específicos sobre o que querem e como deve ser feito.

É claro que às vezes há uma boa razão para isso. Contudo, se o objetivo é ajudar a pessoa a se desenvolver, ela precisa de espaço para manobrar e deve ser autorizada a cometer aqueles poucos erros inevitáveis para o aprendizado.

Entretanto, alguns gestores parecem esperar a perfeição desde o início e dizem ao colaborador: "Faça exatamente do meu jeito para que você não cometa nenhum erro e me decepcione". Que tipo de experiência de aprendizagem ou desenvolvimento é essa? O membro da equipe dificilmente será capaz de pensar por si mesmo quando, uma hora, precisar tomar suas próprias decisões.

Esteja disposto a aceitar alguns pequenos erros enquanto o colaborador aperfeiçoa sua habilidade e seu conhecimento. Em pontos estratégicos, revise com o profissional o desempenho dele, a fim de descobrir o que ele aprendeu e o que faria de diferente na próxima vez.

Um comentário final: durante a discussão, quando estiver planejando a tarefa em conjunto, tente antecipar e prevenir quaisquer problemas graves (desastres potenciais). Chegue a um acordo sobre quais ações são necessárias e, juntos, trabalhem para descobrir a maneira mais eficaz de monitorá-las.

## CHOQUE DE REALIDADE – O QUE ELES ACHAM DA TAREFA?

Muitas vezes, os gestores negligenciam um aspecto muito importante de delegar: deixam de descobrir o que o colaborador *realmente* acha de fazer a tarefa.

Alguns gerentes explicam o trabalho e qual o objetivo dele com sucesso em um tempo considerável, acreditando que apenas uma explicação clara é o suficiente – ou seja, se você a entender completamente, estará preparado para realizar a tarefa. Seu comentário final é, em geral, algo como: "Entendeu?". O que o membro da equipe vai responder? É provável que a resposta seja um aceno vago ou um "acho que sim" murmurado. O gestor acredita que está tudo bem. O colaborador pode muito bem entender a tarefa, mas isso não significa que ele queira fazê-la.

Delegar de maneira bem-sucedida requer compromisso e motivação por parte do colaborador, e a única maneira real de discernir isso é perguntando diretamente. Muitas vezes, gestores parecem confiar demais em "sensações". Embora alguns gerentes sejam mesmo bons em identificar as atitudes de sua equipe, o principal perigo é que as "sensações" podem ser facilmente mal interpretadas.

Portanto, além de explicar ou discutir a tarefa, ao final de sua conversa, pergunte ao colaborador o que ele achou de executar aquele trabalho e escute sua resposta com atenção. Se ele parecer infeliz ou inquieto com a tarefa, suas instruções ou seu próprio papel, descubra por quê. Então você e o membro da equipe podem trabalhar juntos para lidar com essas preocupações.

## EVITE UM BURACO NEGRO – DÊ FEEDBACK NO FINAL

A maioria dos gerentes monitora o progresso da tarefa delegada à medida que ela avança. Entretanto, uma vez concluída, um estranho fenômeno parece se materializar: o "buraco negro".

Digamos que uma tarefa (um relatório importante, por exemplo) seja delegada, o membro da equipe esteja feliz em realizar o trabalho e a preparação do relatório prossiga como planejado, com discussões regulares de revisão (elogios às coisas bem-feitas e discussão construtiva sobre quaisquer dificuldades). No fim, o relatório é concluído com sucesso e deixado na mesa do chefe.

E depois? Muitas vezes, absolutamente nada! O relatório desaparece em um "buraco negro" para nunca mais ser visto ou mencionado.

Delegar deve ser uma experiência de aprendizado, e o aprendizado mais valioso vem da revisão do resultado de um projeto após a sua conclusão. No entanto, mesmo que haja feedback e discussão durante o processo, uma discussão de revisão posterior é algo bastante raro. Assim, uma oportunidade-chave para um aprendizado positivo – e uma motivação futura – foi perdida.

Após a conclusão da tarefa, combine uma data para se reunirem e reverem como o projeto correu. Faça quatro perguntas (ou sua própria versão delas) ao membro da equipe e depois discuta-as.

1. Como você acha que tudo correu?
2. O que correu particularmente bem e por quê?
3. Que dificuldades você encontrou e como lidou com elas?
4. O que você aprendeu e como utilizará esses conhecimentos?

As pessoas gostam de feedback se ele for construtivo. A discussão *post mortem* também deve incluir uma crítica do resultado, bem como qualquer feedback dos superiores sobre o conteúdo, e assim por diante. A discussão pode ser breve, e os benefícios resultantes dela serão bem maiores do que o tempo gasto.

# RESOLVENDO COMPORTAMENTOS CONTRAPRODUCENTES

Encontrando a fonte do problema

Os colaboradores representam um investimento significativo por parte das empresas. Embora a mídia faça parecer que os profissionais que cometem erros ou se tornam problemáticos são demitidos de imediato, a maioria das organizações está mais interessada em tentar resolver a situação para proteger seu investimento. As empresas e seus gestores (como você) costumam se importar de verdade com a felicidade e o bem-estar dos colaboradores.

---

"A boa gestão é a arte de tornar os problemas tão interessantes e suas soluções tão construtivas que todos queiram começar a trabalhar e lidar com eles."

— Paul Hawken, empresário estadunidense e ambientalista

---

Um feedback consistente e regular é o modo mais eficaz de manter a maioria dos colaboradores no caminho certo quando se trata de desempenho no trabalho e conformidade com as regras e políticas da empresa. Considere isso um processo gradual; ninguém faz grandes mudanças da noite para o dia. Se você vir um padrão de comportamento emergente, concentre-se em uma faceta de cada vez. Se a questão for gerenciamento de tempo, você pode falar de estabelecer cronogramas esta semana e de priorizar na próxima semana. É um trabalho em andamento, e os resultados não serão necessariamente consistentes. Mas tenha paciência. Esse é o tipo mais importante de moldagem, e vale o esforço e o tempo que você dedica a ele.

# Deixe que eles tomem a iniciativa

Os colaboradores precisam saber que de fato podem procurá-lo sempre que acharem necessário, não apenas quando você determinar que é o momento apropriado. Incentive-os a tomar a iniciativa de organizar reuniões com você se estiverem preocupados com alguma coisa.

Às vezes, o comportamento inadequado no emprego reflete problemas fora do local de trabalho, como em casa. Um cônjuge ou um filho pode estar doente ou um casamento pode estar acabando. Talvez tenha relação com dificuldades financeiras ou abuso de substâncias químicas. Às vezes o comportamento inapropriado é um sinal de alerta de problemas pessoais mais profundos, como uso de drogas ou problemas psicológicos. Muitas empresas oferecem benefícios como um programa de assistência ao empregado (PAE) ou outros serviços para ajudarem os colaboradores com problemas pessoais, legais e financeiros. Colaboradores que têm muitos problemas pessoais ou que não se encaixam bem em seus empregos ou grupos de trabalho muitas vezes acabam se tornando autodestrutivos. É claro que isso não é bom para eles, para outros colaboradores ou para a empresa. Os sinais de que essa situação esteja acontecendo incluem o colaborador:

- não conseguir fazer o trabalho dentro do prazo ou mesmo não realizá-lo;
- manter uma atitude geralmente negativa;
- gritar e ter explosões de raiva;
- comportar-se de modo passivo-agressivo (ações que parecem legítimas ou úteis, mas que, na verdade, não são);
- tentar juntar outros colaboradores para ficar do lado dele;
- ir de mesa em mesa criando problemas;
- não prestar atenção ou discutir demais em reuniões de equipe;
- chegar atrasado, sair cedo ou demorar-se excessivamente no horário de almoço;

- ficar ao telefone por muito tempo, frequentemente em ligações pessoais, ou discutir assuntos pessoais com colegas de trabalho ou clientes;
- violar ou ignorar as políticas da empresa de maneira flagrante.

O comportamento impróprio também pode ser explicado quando alguém não sabe bem como deve se comportar no local de trabalho. Às vezes, o modo de trabalho do colaborador é o que o faz se destacar em desempenho e produção. E, às vezes, as pessoas simplesmente têm dificuldade em encontrar seu rumo, em particular em épocas de grandes mudanças, como durante uma reestruturação corporativa. Novos colaboradores, bem como colaboradores experientes cujas responsabilidades profissionais têm a ver com sua experiência anterior, podem estar achando difícil encontrar um equilíbrio entre seu modo de trabalhar e suas novas tarefas.

## BUSCANDO O FUNCIONAMENTO IDEAL

Os problemas dentro de uma equipe podem resultar de problemas pessoais, no sistema ou ambos. Às vezes, a origem do problema é óbvia. A equipe de um projeto não consegue fechar os desenhos finais porque a atualização do software que precisa ser instalada está esgotada no fabricante. A central de atendimento ao cliente não consegue melhorar os tempos de espera de chamadas e deixa as ligações caírem porque as linhas são poucas para lidar com o volume de chamadas recebidas. O departamento de produção está pronto para rodar, mas os gabaritos foram cortados incorretamente e o gerente teve que enviá-los de volta ao fornecedor. Esses são exemplos de problemas de sistema. As pessoas estão prontas e ansiosas para fazer o que precisa ser feito, mas não têm aquilo de que precisam para seguir em frente.

Às vezes, a parte do sistema que não está funcionando de modo ideal são as pessoas. Questões pessoais podem surgir de conflitos de personalidade ou problemas de desempenho. Os colaboradores podem não compreender suas responsabilidades profissionais ou não gostar delas e, portanto, tentar passá-las adiante ou simplesmente não cumpri-las. As pessoas têm personalidades, e às vezes as personalidades não se dão bem umas com as outras. Comportamentos contraproducentes podem destruir até mesmo as equipes mais fortes, em algumas ocasiões, de uma maneira surpreendente.

Às vezes as pessoas simplesmente não se dão bem umas com as outras. Apesar de gostarmos de acreditar que os adultos conseguem deixar de lado suas diferenças para trabalhar em prol de objetivos comuns, isso nem sempre acontece. O desafio aqui é isolar as personalidades que estão em confronto – algo nem sempre tão fácil de fazer quanto parece – para que os indivíduos tentem resolver suas diferenças. Em outras situações, as pessoas até se dão bem (ou muito bem), mas não têm as habilidades ou a competência para realizar o trabalho.

Em geral, quando excluímos problemas no sistema, quer dizer que os problemas estão nas pessoas. Às vezes é difícil traçar as fronteiras. Na verdade, talvez a combinação dos dois esteja causando problemas. Considere o seguinte exemplo.

A central de atendimento ao cliente da Smith and Co. tinha um tronco telefônico que encaminhava as chamadas, não importava a hora do dia ou da noite, para um ramal onde um "corpo vivo" podia atender o telefone. O sofisticado circuito de comutação dependia de registros computadorizados que identificavam os colaboradores quando batiam ponto em seus terminais de computador. O tronco os identificava como "conectados" e encaminhava as chamadas de acordo com uma estrutura de prioridade baseada na função de trabalho.

Durante meses, a central de atendimento ao cliente apresentou reclamações sobre chamadas não atendidas entre 8 e 11 horas da manhã às terças e quintas-feiras. Os técnicos verificaram todos os cabos, circuitos e conexões. Os analistas de sistemas verificaram todos os algoritmos do computador para checar os roteamentos do pessoal. Por fim, um consultor da companhia telefônica ajudou a estabelecer um processo para rastrear os caminhos das chamadas. Isso limitou o problema a um telefone no meio da sequência de encaminhamento de chamadas. Embora os técnicos não conseguissem encontrar nenhum problema de equipamento no escritório ou com o telefone, eles substituíram a fiação e instalaram um novo aparelho que rastreava todas as chamadas que chegavam até ele, independentemente de terem sido atendidas ou não.

Surpreendentemente, o novo telefone não registrava nenhuma atividade de chamada nas manhãs de terça e quinta-feira, embora a central de atendimento ao cliente continuasse recebendo reclamações. Assim, um técnico decidiu sentar-se no escritório e observar. Após cerca de uma hora sentado em silêncio, ele perguntou ao colaborador que trabalhava no escritório se o telefone ficava sempre tão silencioso. "Claro que sim", respondeu ele. "Eu o desligo assim que me conecto para poder trabalhar sem interrupções."

O resto da história se desdobrou com rapidez. O colaborador era um terceirizado temporário que estava substituindo uma funcionária em licença-maternidade. Embora ele tivesse sua própria identificação de *login*, a estação de computador era registrada em nome da funcionária que normalmente trabalhava lá. Assim, quando o colaborador temporário fazia o *login* no computador, o tronco telefônico encaminhava as ligações através do número do escritório porque o computador o mostrava como "conectado". No entanto, aquele profissional temporário que usava o escritório estava realizando tarefas especiais, não substituindo a colaboradora que estava de licença. Ele trabalhou em três escritórios diferentes no decorrer de uma semana, mas este era o único com telefone com toque direto. Então ele agiu de acordo com aquilo que achava que fazia sentido para evitar que chamadas que não conseguia atender interrompessem seu trabalho: desconectou o telefone.

E, então, será que esse é tanto um problema de sistema quanto um problema de pessoas?

# QUANDO AS PERSONALIDADES COLIDEM

Convivendo bem com os colegas

A amizade e o gosto pelo trabalho são importantes para muitas pessoas. Tão importantes, aliás, que alguns profissionais aceitam ou deixam empregos com base em quem trabalha lá. É provável que você saiba quem são essas pessoas em sua equipe e, como gestor, é possível que você tenha sido chamado para mediar problemas entre elas e os demais colegas de trabalho. Esses colaboradores precisam se dar bem com seus colegas; a exigência de vínculo com os outros profissionais faz parte tanto de sua personalidade quanto de seu estilo de trabalho. Não há nada de errado com isso, desde que atenda às necessidades deles (e não interfira na produtividade deles nem na sua).

## Equilibre o trabalho com os amigos fora do trabalho

Você pode trabalhar com pessoas de quem não gosta muito e ainda ser feliz no trabalho. É irreal esperar que você goste de todos no grupo. Quanto mais amigos e interesses você tiver fora do trabalho, mais fácil será trabalhar com pessoas que você não considera suas amigas.

Quer os colaboradores gostem uns dos outros ou não, ainda é importante que possam trabalhar juntos ou compartilhar um projeto. Isso pode ser um desafio (colocando de um jeito leve!). A maneira mais eficaz de um gestor fazer as pessoas colaborarem e cooperarem entre si é concentrar-se no trabalho e nas tarefas – o que o projeto requer e se os colaboradores estão desempenhando as atividades bem ou não. Isso ajuda tanto a equipe quanto você a eliminar as diferenças de personalidade dentro do grupo. Também requer habilidades de comunicação excepcionais e a capacidade de adotar várias posturas ao mesmo tempo.

Os colaboradores esperam que os gestores os "protejam", que estejam atentos aos seus interesses e envolvidos o suficiente para compreender as personalidades presentes no grupo e assegurar que a igualdade seja mantida. Quando isso não acontece, a equipe fica ressentida e frustrada. O moral despenca, levando a produtividade junto. Às vezes, os problemas que afastam os colaboradores parecem pequenos, mas refletem um problema subjacente de confiança e traição.

## Não force o impossível

A tentativa de fazer com que colaboradores que não gostam uns dos outros trabalhem juntos em harmonia nem sempre funciona, apesar dos melhores esforços de um gerente. O tiro pode sair pela culatra se você colocar profissionais que não se dão bem na mesma equipe só para forçá-los a cooperar entre si. Não ponha em risco as outras relações dentro da equipe e a integridade do projeto tentando engendrar o impossível.

Muitos gestores não querem se envolver em questões como essas porque não se sentem à vontade em lidar com sentimentos e emoções e não gostam de conflitos. Não se envolver, porém, pode causar uma tensão e perturbar o trabalho em equipe e a produtividade. Os colaboradores sentem que seus gerentes não os respeitam quando deixam de cuidar de seus interesses (de novo, esse é o papel de gerente-pai ou gerente-mãe). Você pode ser proativo e evitar conflitos construindo uma estrutura que ajude os membros da sua equipe a trabalhar juntos.

# UNINDO OS COLABORADORES

O local de trabalho força as pessoas a estabelecer relacionamentos que, de outra maneira, poderiam não existir. Embora muitas vezes elas se deem muito bem, às vezes há problemas. É importante que você, o gestor, sinta sempre o clima da equipe para saber de imediato quando as coisas estão saindo de controle. Uma vez que a situação se agrave, talvez seja tarde demais para salvar o grupo – ao menos, no concernente a restaurar o nível de colaboração e produtividade da equipe.

Dependendo da natureza do problema, você pode se reunir primeiro com toda a equipe ou com os membros individualmente. Tome providências assim que descobrir o que está acontecendo. Não espere pela hora certa – a hora certa é agora. Intervenha nos profissionais que parecem estar com problemas de desempenho pessoal ou individual. É também uma boa ideia reunir-se com o grupo para falar sobre o problema em geral – sua natureza, como ele está sendo tratado, quando você espera ver as coisas mudarem, quais mudanças você quer ver e que papel, se houver algum, outros membros do grupo têm na resolução. Evite dizer nomes, a menos que não haja outra maneira de falar sobre a situação. Se for preciso usar nomes, não se esqueça de se concentrar em comportamentos e acontecimentos, não nas pessoas.

## Você precisa monitorar constantemente

Não basta espreitar os membros da sua equipe algumas vezes durante o dia para ver se as coisas parecem estar bem. Você precisa monitorar de modo consistente tanto a produção quanto as atitudes deles. Se houver problemas com qualquer um, lide com a situação imediatamente. Tais intervenções nem sempre são confortáveis, mas são essenciais.

Adote suas figuras de pai, mediador e líder de torcida – é hora de assumir várias personalidades. Você precisa tomar medidas decisivas e, ao mesmo tempo, ajudar os membros do grupo a enxergar as perspectivas uns dos outros. Às vezes o profissional envolvido terá que ser transferido para outro departamento ou até deixar a empresa. Talvez seja necessário introduzir um novo processo de comunicação para forçar os colaboradores em posições complementares, porém competitivas, a se comunicar de maneira mais eficaz. A equipe pode precisar estabelecer um novo processo de aprovação para garantir que os membros conheçam e tenham a oportunidade de discutir promessas de produtos ou serviços antes que alguém as faça. E, quando o problema está no sistema, você deve estar disposto a se esforçar, defendendo os colaboradores. Essas posturas criam equipes e lealdade, tanto entre os membros do grupo quanto em relação a você (e, em certas ocasiões, até mesmo à empresa). Qual profissional não faria um esforço extra por um gestor que, ao menos, tenta fazer um esforço extra por ele?

# LIDANDO COM A MANIPULAÇÃO

Separando fatos de emoções

Nem tudo acaba sendo tão suave quanto o fluxo de trabalho que você projeta. As pessoas são dinâmicas, sempre pensando e sentindo algo diferente. Elas podem discordar da abordagem que você adotou, mesmo quando fizeram parte do seu desenvolvimento. Algumas não atordoam de propósito; ao longo dos anos, elas aprenderam hábitos contraproducentes difíceis de mudar. No entanto, da mesma maneira que deve moldar, direcionar e estimular o fluxo de trabalho, você precisa acomodar e remediar os desafios que os comportamentos dos outros podem trazer.

A manipulação é um desses desafios. Quando os colaboradores tentam se desviar das tarefas, a produtividade do grupo é interrompida. A maioria dos manipuladores aprende seus padrões de comportamento no início da vida e os reforça a cada vez que os utiliza com sucesso. Essas pessoas tendem a mudar para o modo manipulador quando não conseguem, pela maneira convencional, produzir os resultados desejados. Comportamentos manipuladores têm como alvo indivíduos em vez de processos e apresentam generalidades em vez de especificidades. Podem incluir ameaças, exigências, insultos e esforços para fazer você se sentir culpado. A manipulação também pode vir disfarçada de elogios, gentilezas, agrados e outras tentativas de cair nas graças de alguém.

É importante confrontar a manipulação com fatos e especificidades. Dê à pessoa uma oportunidade justa de apresentar uma preocupação ou reclamação específica. "Sempre", "nunca", "todos", "ninguém" são termos genéricos. Se você não consegue afunilar, não pode fazer muito para consertar a situação. Você deve separar os motivos da sua preocupação (os fatos) das emoções e intenções para que possa examiná-los no contexto. Seja detalhado e tangível. Em seguida, separe os problemas em elementos gerenciáveis. Ao longo da história, os exércitos têm usado a tática de "dividir e conquistar" com grande sucesso, e ela funcionará nesse caso aqui também. Se você conseguir engajar o colaborador no processo de identificação dos elementos, de repente, os dois estarão do mesmo lado.

---

"Colaboradores que acreditam que a gestão se preocupa com eles como um todo individual – não apenas um colaborador – são mais produtivos, mais satisfeitos, mais realizados. Profissionais satisfeitos significam clientes satisfeitos, o que leva à rentabilidade."

— Anne M. Mulcahy, ex-CEO, Xerox Corporation

---

Mantenha suas reações emocionais sob controle. Se o colaborador estiver chorando, entregue-lhe uma caixa de lenços – sem comentários. Se ele estiver gritando, espere o barulho parar e depois peça suavemente à pessoa que permaneça quieta enquanto o escuta. Se ele estiver usando uma plateia de outros colaboradores como apoio, peça que venha ao seu escritório para uma conversa particular ou dê aos demais membros da equipe um intervalo para o café.

Se seus esforços para se concentrar em processos e soluções não influenciarem o comportamento do colaborador, resuma sua resposta em uma única frase e repita-a cada vez que o colaborador tentar uma nova tática. Mantenha o tom de voz uniforme, firme e amigável – não é fácil, pois manipuladores experientes perceberão o que você está fazendo e tentarão quebrar sua determinação. Pense em um disco quebrado e deixe seu tom e a mensagem continuarem se repetindo.

# DISCORDÂNCIA PRODUTIVA

O lado positivo do conflito

Reuniões podem ser uma oportunidade para expressar ideias e preocupações. Inevitavelmente, opiniões diferentes colidem. Cada um tem opiniões fortes sobre seu ponto de vista, e a situação cai no seu colo. É hora de deixar sua postura de mediador de lado e colocar em jogo suas habilidades de comunicação, negociando uma solução que todas as partes aceitem e respeitem. Uma negociação eficaz exige que as partes venham à mesa com o seguinte:

- **Uma lealdade comum:** trabalhar por objetivos comuns estabelece uma conexão definida por semelhanças e não por diferenças. No mínimo, os lados trabalham para a mesma empresa e devem apoiar os objetivos dela, o que lhes confere uma missão comum. Quando as partes querem alcançar os mesmos resultados, muitas vezes estão mais dispostas a buscar uma base comum.
- **Respeito mútuo:** apesar de suas diferenças, será que as partes se respeitam mutuamente? Se sim, elas serão capazes de se concentrar em soluções focadas no processo e de deixar de lado suas discordâncias. O respeito é a base da confiança; as pessoas devem respeitar umas às outras antes de poderem confiar umas nas outras para cumprir os acordos que desejam.
- **Mente aberta:** cada parte deve estar disposta a falar e ouvir para que, juntas, possam explorar possíveis soluções.
- **Disposição para a mudança:** obviamente, cada parte chega à reunião acreditando que sua perspectiva é válida e correta. Depois de escutar um ao outro e discutir os problemas, todos os lados devem estar dispostos a mudar suas posições para acomodar as soluções sugeridas.

Chegar a um acordo para resolver um conflito não significa necessariamente que cada parte obterá o que deseja. Às vezes, as soluções são colaborativas (todos os lados ganham) e, às vezes, envolvem compromisso (todos os lados desistem de algo). Cada parte deve se sentir satisfeita com a solução, ou o conflito permanece.

# NERVOS À FLOR DA PELE

As pessoas às vezes surtam. Algumas coisas se somam, tensões e frustrações se acumulam. As pessoas se sentem impotentes para controlar ou mudar situações que acreditam que deveriam ser diferentes, mas que persistem porque você (ou outra pessoa, ou outro departamento, ou a empresa) intencionalmente criou as circunstâncias. Não importa se há verdade nisso; as percepções alheias são a realidade tal como vista através dos matizes sempre mutáveis das emoções. E a reunião pode se tornar o lugar para expressar insatisfação.

## Evite o excesso de emoção nas reuniões

Emoções e raiva, em especial quando se misturam, podem descarrilar por completo a agenda de uma reunião. Quando parecer que as coisas estão indo nessa direção, você tem duas opções. Pode considerar a frustração expressada e conduzi-la de modo construtivo, remarcando a pauta planejada para outra reunião; ou pode interromper o diálogo, reconhecer as emoções, comprometer-se com uma reunião separada para tratar especificamente das preocupações em erupção e voltar à pauta programada. O mais importante aqui não é a opção que você escolher, mas, sim, manter o controle.

A raiva é um sinal inequívoco de que alguém não tolera mais certa situação ou certo comportamento. É uma mistura intensa e poderosa de emoção e ação que, muitas vezes, assusta até mesmo a pessoa que a está sentindo. A raiva tende a se retroalimentar. Quanto mais tempo a gritaria continua, mais volátil a raiva se torna. Tais reuniões podem, em um piscar de olhos, se transformar em discussões aos berros, por isso é crucial desarmar a raiva com rapidez. Os passos a seguir podem ajudá-lo a recuperar o controle.

- **Interceda imediatamente.** Não espere que as coisas se tornem explosivas de verdade. Muitas vezes, apenas o fato de você intervir é suficiente para interromper o ciclo de raiva e começar a apaziguar as coisas.
- **Retire a plateia.** Se um membro da equipe estiver gritando ou agredindo de qualquer maneira os outros, leve-o para um escritório ou sala de reuniões à parte, ou peça aos demais colaboradores que saiam por alguns minutos. Alguém que perde o controle na frente de outras pessoas muitas vezes se sente obrigado a manter ou aumentar os comportamentos de raiva. Retirar a plateia dá à pessoa irada a liberdade de recuar sem se sentir humilhada e de recuperar a compostura.
- **Separe o comportamento da pessoa e solicite que o comportamento dela mude imediatamente.** Desvie o olhar do colaborador, a fim de lhe dar alguns momentos para se recompor, mas permaneça na sala (a menos que você tema por sua segurança). Ao ficar na sala, você deixa claro que está disposto a fazer o que puder para resolver as coisas e também abreviar qualquer abordagem que use a raiva como um comportamento manipulador.
- **Seja um ouvinte ativo.** Deixe a pessoa explicar sua posição e frustração, mesmo que você ache que já conhece o problema ou tenha escutado aquilo antes. Espere-a contar toda a história e, então, faça perguntas apenas para esclarecer detalhes.

- **Pergunte quais soluções o colaborador gostaria de ver.** Se uma ou mais sugestões dele fizerem sentido, discuta a melhor maneira de implementar mudanças. Se as sugestões não fizerem sentido, forneça uma explicação breve e factual, propondo uma alternativa.
- **Reitere quaisquer acordos e estabeleça um plano de acompanhamento.** Isso formaliza o acordo para que o colaborador saiba que a discussão foi mais do que apenas um desabafo.

Reuniões são uma maneira de os gestores moldarem o comportamento que desejam ver em seu departamento. Os colaboradores observam como os gerentes os tratam e tratam os outros. Eles percebem quem você reconhece e de que modo. Eles observam como novas ideias são aceitas ou cortadas e se o ciclo de feedback estabelecido é funcional ou da boca para fora.

# TRATAMENTO DE SILÊNCIO

Às vezes, as pessoas vão às reuniões apenas para marcar presença. Mesmo quando você lhes pergunta algo, elas só oferecem respostas superficiais. O que está por trás de tal comportamento? Muitas vezes, é porque acreditam que é mais uma reunião inútil, na qual a troca de ideias e opiniões não importa realmente. E será que importa? Essa é uma boa oportunidade para avaliar os motivos das reuniões em sua equipe, a organização das pautas e a condução desses encontros. Talvez as reuniões sejam importantes apenas para você, ou talvez são seus superiores que ordenam que sejam realizadas. Há maneiras mais eficientes para você passar ou obter informações? Os colaboradores com grande carga de trabalho (e quem não tem?) podem se ressentir desses encontros que os tiram de seus afazeres, em especial quando não há uma maneira de compensarem o tempo perdido.

# MANTENHA O SENSO DE HUMOR

O humor é uma ótima maneira de desarmar situações antes que elas se tornem voláteis ou frustrantes. Entretanto, é importante saber a diferença entre humor, que é apropriado e muitas vezes útil, e fazer piadas, o que é quase sempre inapropriado. O humor surge das circunstâncias e carrega uma mensagem não dita, mas compartilhada por todos; ele permite que as pessoas se divirtam. As piadas costumam tirar sarro de situações ou pessoas.

# DOMINANDO A ARTE DE FAZER REUNIÕES

Definindo a pauta

Pergunte às pessoas como se sentem em relação a reuniões e, na maioria dos casos, a reação será negativa, em geral porque elas consideram como algo muito pouco produtivo.

Alguém certa vez definiu um comitê como um grupo de pessoas com má vontade, escolhidas entre os inaptos, para fazer o desnecessário. Algumas reuniões podem parecer exatamente isso, mas não têm que ser assim. Seguindo algumas diretrizes bastante simples, esses encontros podem ser produtivos e – ouso dizer – divertidos.

## ORGANIZANDO REUNIÕES E OBTENDO RESULTADOS

Reuniões são um intercâmbio de ideias, informações ou opiniões por um grupo de pessoas que desempenham um papel ativo para alcançar resultados específicos. É diferente das conferências, nas quais a maioria da plateia é passiva, ouvindo uma série de palestrantes. Ao contrário de grande parte das reuniões, que contam com a presença de algumas poucas pessoas, as conferências podem ter dezenas, se não centenas de participantes.

A crítica mais frequente às reuniões é que "não servem para muita coisa".

As pessoas estão bastante dispostas a dar tudo de si em uma reunião se virem algum resultado daquele encontro. No entanto, é extremamente frustrante fazer seu dever de casa e depois descobrir que não há um resultado real. "Nós só conversamos. Nada foi decidido." Se isso acontecer, não causa nenhuma surpresa que a reação ao próximo convite seja: "Outra reunião, não – que desperdício de tempo!".

## REUNIÕES SÃO NECESSÁRIAS?

Alguns gerentes parecem convocar reuniões assim que surge algo para discutir, como se nem sequer considerassem se essa é a melhor maneira de se comunicar.

Você já esteve em alguma reunião em que boa parte dela foi uma conversa entre o presidente e um ou dois outros participantes? As demais pessoas presentes costumam se perguntar por que têm que ficar sentadas por vinte minutos ouvindo algo irrelevante (para elas) e que poderia ter sido tratado via e-mail, telefonema ou em uma reunião menor.

Há quem convoque uma reunião para transmitir informações que poderiam ser facilmente passadas por escrito, por e-mail ou de outra maneira. Um bom exemplo seria o anúncio de um procedimento revisado, mas simples. Se nenhuma discussão ou esclarecimento do procedimento for necessário, por que convocar uma reunião?

Decida quais são seus objetivos e determine o melhor método para alcançar cada um deles.

## FOQUE EM RESULTADOS, NÃO EM ASSUNTOS

A pauta de uma reunião não é mais do que um checklist para o líder; ela também ajuda os participantes a se preparar. Quando uma pauta é baseada em assuntos e não em objetivos, ela assume a seguinte forma:

- Ata da última reunião.
- Progresso no projeto de informática.
- Quem fica no telefone na hora do almoço.
- Melhorar a comunicação.
- Qualquer outro assunto.

Essa pauta pode muito bem lembrar o líder dos assuntos a serem tratados e em que ordem, mas se você, como participante, a recebesse, conseguiria se preparar de maneira adequada para a reunião? A menos que você soubesse o que está por trás de cada um dos itens, é provável que não.

Além disso, os participantes costumam querer que uma reunião alcance resultados, mas, com esse tipo de pauta, eles só podem tentar adivinhar a intenção daquele encontro.

## FOCO NO RESULTADO

Ao estabelecer uma pauta, certifique-se de incluir objetivos orientados a resultados. Com base no exemplo já citado, a pauta revisada poderia ser assim:

- Confirmar que as ações acordadas na última reunião foram realizadas.
- Decidir ações, responsabilidades individuais e prazos para a fase três do projeto de informática.
- Estabelecer e acordar um cronograma viável para a cobertura telefônica na hora do almoço em nosso departamento.
- Decidir como descobrir o que nossos clientes (internos e externos) acham do serviço que prestamos e discutir quem deve cuidar de qual área problemática definida pelos clientes.

Esse tipo de pauta pode prolongar a reunião, mas os resultados valerão a pena e, a longo prazo, pode até ocasionar a diminuição do número de reuniões.

## MANTENDO AS REUNIÕES CURTAS E DIRETAS AO PONTO

Você realiza ou frequenta reuniões que contenham "qualquer outro assunto" na agenda? Esse item, supostamente, disponibiliza um tempo para que se discutam questões adicionais não listadas na pauta: em geral, aquelas bobagens para as quais ninguém consegue encontrar um espaço. Os mesmos velhos assuntos triviais costumam aparecer. Mesmo quando surge um interessante, o restante do grupo não recebeu nenhum aviso e, portanto, muitas vezes, falta a informação necessária para contribuir para a discussão. E assim os próximos dez minutos são passados decidindo que nada pode ser decidido ainda. Não é muito produtivo!

## EVITE SAIR DO ASSUNTO TANTO NA MINUTA QUANTO NA DISCUSSÃO

As atas de uma reunião que você recebe uma semana depois às vezes têm pouca semelhança com o que realmente aconteceu?

O que, em geral, acontece é que o presidente, que costuma também ser o responsável pelas anotações, rabisca com rapidez todas as informações enquanto tenta controlar a reunião. Primeiro, é difícil desempenhar as duas funções (presidente e "secretário") ao mesmo tempo – uma ou outra sofre. Em uma visão cínica, alguns presidentes, quando não têm certeza do que foi dito, acabam escrevendo o que queriam ouvir. Em segundo lugar, você e os outros participantes não podem ver o que está sendo anotado, então não sabem se as anotações correspondem ou mesmo se relacionam ao que acabou de ser dito. Esses fatores são um terreno fértil para erros.

Ao presidir uma reunião, considere pedir a alguém que atue como assistente. A pessoa pode tomar notas de várias maneiras: usando pouca tecnologia, como um *flipchart*; ou em um laptop/tablet ligado a um projetor. Independentemente da escolha, a informação estará visível para todos. Se ocorrer um erro, será facilmente detectado e corrigido.

Então você pode emitir as anotações como "minutas". Muitas vezes, as pessoas só querem saber o que foi decidido, o que tem que ser feito, por quem e quando. Pergunte aos participante da reunião o que eles querem que a ata contenha. A maioria dirá: "Simplifique!".

Outro dilema ocorre quando o gestor está presidindo a reunião e também é um dos principais contribuintes para um ou mais itens da pauta. Como contribuinte, ele precisa passar as informações e discuti-las, enquanto, como presidente, seu papel é controlá-las e garantir que sejam relevantes para o(s) objetivo(s).

Essa situação pode resultar em conflito de interesses, facilitando para você, o gerente, falar demais sobre seu assunto ou tentar manipular acontecimentos em seu favor. Além disso, a maioria dos presentes na reunião reluta em tentar advertir o presidente (especialmente se essa pessoa for também o chefe).

Considere a opção de alguém substituí-lo na condução da reunião enquanto você estiver agindo como contribuinte principal. É uma excelente experiência para quem gostaria de ter um cargo de gestão. Além disso:

1. Discuta o(s) objetivo(s) com seu substituto antes da reunião, a fim de garantir que ele entenda o que você está tentando alcançar.

**2.** Ao entregar a presidência durante a reunião, explique que o substituto controlará o(s) próximo(s) item(ns), inclusive sua contribuição.

Se você precisar contribuir ativamente durante a maior parte do encontro, o ideal é que o seu substituto presida a reunião inteira.

## GARANTA QUE OS PARTICIPANTES ENTENDAM SEU PAPEL

Você já participou de alguma reunião em que pensou que o objetivo era tomar uma decisão, mas descobriu que a decisão seria tomada por outra pessoa e que você estava apenas sendo consultado?

Por exemplo, em uma reunião cuja pauta tinha como item a aquisição de um novo software, a equipe pensou que discutiriam suas necessidades para decidir qual software seria mais vantajoso para uso do departamento. Antes da reunião, os colaboradores conversavam sobre possíveis adições úteis. No entanto, à medida que o encontro progredia, ficou claro que a gestora apenas queria consultá-los sobre as ideias dela, a fim de que ela pudesse decidir sobre a lista final de softwares, levando também em conta as demandas de uma segunda seção que se reportava a ela. Os membros do grupo achavam que o papel deles seria de "tomadores de decisões", mas a gerente os via como "fornecedores de informações". Esse ponto só foi esclarecido após terem passado trinta minutos nesse item da agenda e, como resultado, houve desperdício de tempo e energia.

# CONSIGA UM COMPROMISSO PARA AÇÃO

Considere o seguinte exemplo. A reunião correu bem, e todos pareceram confortáveis com o resultado e o plano de ação. Na reunião seguinte, o progresso foi discutido, e Fred comentou de repente: "Bem, na verdade eu não concordei em fazer isso, sabe. Você simplesmente pressupôs que eu faria". Ao que você respondeu: "Mas tenho certeza de que, na reunião passada, você concordou com isso".

Na verdade, talvez você tenha pensado que Fred concordou. Afinal, a maioria das pessoas faz todo o possível para cumprir as tarefas necessárias dentro do prazo acordado. Há algumas, no entanto, que parecem fazer carreira evitando qualquer responsabilidade. Elas se saem bem sendo evasivas porque ninguém é direto: "Fred, você assume a responsabilidade por...?". Às vezes, pressupomos que houve concordância: se a pessoa não fala nada, presume-se que tenha aceitado o consenso.

Por isso, insista que cada um declare publicamente que concorda em realizar determinada tarefa até uma data específica. Um simples "sim" por parte da pessoa na frente do grupo é o bastante. Isso evitará um mal-entendido.

# FAZENDO APRESENTAÇÕES EFICAZES

Compartilhando informações

Apresentar significa transmitir formalmente informações, opiniões e/ou ideias a outros para que sejam não só ouvidas mas também compreendidas. Apresentar propostas vai um pouco além, acrescentando o elemento persuasão a uma situação formal (em geral, para um grupo).

Como gestor, ser capaz de transmitir informações com eficácia é vital. Para ser um gerente eficaz, você deve passar sua mensagem e ser compreendido. Todos nós, em algum momento, já assistimos a uma apresentação ruim. Quanto dela você absorveu? Suas recomendações só serão aceitas – e esse é o objetivo – se você conseguir apresentar sua proposta com eficácia.

## ARRUME TEMPO PARA ENSAIAR

Quase todo mundo já teve que assistir a uma apresentação mal preparada: objetivos pouco claros, sem qualquer estrutura, auxílios visuais pobres ou inapropriados, fala cheia de divagações, nenhuma noção do que o público deseja ouvir, excedendo o tempo, blá-blá-blá. Sem nem perceber, você parou de prestar atenção à apresentação e está disfarçadamente olhando as mensagens no seu celular.

Há alguns anos, uma diretoria pediu a dez gerentes seniores que preparassem uma apresentação de quinze minutos com as solicitações orçamentárias para o próximo ano fiscal. Por causa do número de apresentações, foi dito a eles que o limite de quinze minutos era obrigatório. Todos, com exceção de um, cumpriram esse limite e tiveram suas requisições atendidas (com uma margem de erro de 10%). O gestor que tentou ultrapassar o limite de tempo foi interrompido antes mesmo de atingir o ponto principal de sua apresentação. Não é surpresa que ele tenha recebido um orçamento significativamente menor do que os demais. Ele reclamou, amargurado, com o chefe, dizendo que sua apresentação levara muito mais tempo do que havia previsto. Seu superior lhe perguntou se ele tinha ensaiado e cronometrado a apresentação. Imagine a cara de vergonha do gestor!

Portanto, certifique-se de ensaiar pelo menos uma vez... Para o parceiro, colega, até para o espelho, se necessário – qualquer "público" serve. Mesmo com uma boa preparação, a apresentação real costuma ficar mais longa (ou mais curta) do que o esperado. O ensaio deve revelar a maioria dos problemas, permitindo que você os corrija; isso ajudará a reduzir qualquer nervosismo natural da situação.

Lembre-se também de ter como "plano B" um slide com um resumo ou apenas com os tópicos principais de sua proposta no caso de você se encontrar com pouco tempo.

## CONQUISTE O INTERESSE DA PLATEIA DESDE O INÍCIO

Quem nunca sofreu durante uma apresentação, perguntando-se "do que se trata realmente?" ou "por que preciso ouvir isso?" e, claro, "quando vai acabar?".

Por exemplo, uma pessoa do departamento financeiro passou mais de uma hora explicando os resultados do ano anterior e o orçamento do próximo a um grupo de gerentes – tudo com muitos detalhes e "papo de contador". Após a apresentação, a maioria dos gestores viu aquilo como uma perda de tempo. Os poucos que conseguiram se manter "acordados" durante toda a apresentação se encantaram com a perspectiva de ter algum dinheiro extra no orçamento do ano seguinte para a compra de equipamentos importantes de que necessitavam desesperadamente. Os outros só descobriram mais tarde, quando os pedidos desses gerentes atentos chegaram ("Então era disso que se tratava!").

Se a contadora tivesse enfatizado o valor extra no início, ela teria tido um público muito mais atento durante toda a apresentação. No entanto, ela não conseguiu conquistar o interesse dos gestores. Muitos perderam o ponto principal – que havia dinheiro para ser gasto.

Portanto, se você quiser que as pessoas o escutem, atraia a atenção delas logo no início. A melhor maneira de fazer isso é oferecer um benefício. Suponha que a contadora tivesse ido direto ao ponto e dito: "Tenho o prazer de comunicar que há X dólares disponíveis no próximo ano para a compra de novos equipamentos, que sabemos que todos vocês precisam muito. No entanto, antes de falarmos sobre o orçamento do próximo ano, vamos rever como todos fizeram dinheiro este ano para que possamos repetir o feito e ter resultado semelhante". Se você fosse um desses gerentes na plateia, estaria ouvindo agora?

## SEJA VOCÊ MESMO

Há bons oradores, e depois há todo o restante (bem, a maioria de nós, ao menos). É fácil admirar um apresentador eficaz e pensar: "Eu gostaria de poder copiar o estilo dele. Claro, confiante, persuasivo – tenho tanta inveja!". Não há nada de errado em aprender com profissionais habilidosos ou bem treinados; o problema é quando a imitação é levada longe demais.

Por exemplo, durante um curso sobre habilidades de apresentação, um participante imitou um boneco insano, pulando, balançando os braços e sacudindo o corpo para a frente e para trás. A princípio, a turma pensou que ele fizera aquilo porque estava nervoso, porém, mais tarde, ele explicou que seu chefe lhe havia dito que ele era muito chato e que devia colocar um pouco de vida em seu discurso. Então o homem levou a sugestão a sério, imitando seu chefe de vendas, cujo estilo de falar em público era semelhante ao de um pregador religioso do Velho Oeste. Embora esse estilo pudesse funcionar para o chefe, naquele participante parecia completamente estranho e desviou a atenção dos argumentos que ele estava tentando apresentar.

Ainda que seja bom aprender com os outros, não os copie. Desenvolva seu próprio estilo e, acima de tudo, seja você mesmo! Invista em seus pontos fortes. Se você é um introvertido que, em geral, fala baixinho, em alguns momentos, fale mais alto para enfatizar algo – as pessoas vão escutá-lo. O oposto é verdadeiro para as personalidades mais tempestuosas – se disserem algo com mais suavidade, chamarão a atenção e provocarão um efeito dramático (reserve tais técnicas para os pontos mais importantes da sua apresentação).

Analise suas fraquezas e descubra como corrigi-las e compensá-las de modo que o deixe confortável. Lembre que estamos muito mais conscientes de nossas próprias falhas do que os outros estão. A maioria das pessoas está tão envolvida na própria vida que provavelmente não notará as nossas peculiaridades e os nossos erros, a menos que chamemos a atenção para eles.

## Dá um tempo!

Você já assistiu a uma apresentação com duração de uma hora ou mais, sem interrupção? No final, provavelmente você estava mais do que apertado para ir ao banheiro, e com *rigor mortis* começando no glúteo e em outros lugares ao longo das costas e das pernas. Além disso, é provável que você não tenha absorvido muito do que foi dito. O tempo de concentração da maioria das pessoas é de cerca de vinte minutos. Depois disso, a atenção, em geral, se deteriora rapidamente.

Uma vez que o participante do curso de apresentação relaxou e eliminou a teatralidade artificial, suas apresentações ficaram muito mais espontâneas e interessantes.

# IMAGENS SÃO MEMORÁVEIS

O conteúdo de muitas apresentações é passado de modo puramente verbal ou, quando há a ajuda de elementos visuais, utilizam-se gráficos ou tabelas muito complexas. Embora o PowerPoint e softwares similares, como Apple Keynote, Adobe Persuasion e Flowboard, tenham melhorado a legibilidade das informações, ainda há um problema com o excesso de dados verbais. Você precisa reduzi-los aos poucos pontos essenciais ou, melhor ainda, usar imagens.

Se você estiver tentando argumentar, qual método acha que terá mais impacto: uma detalhada explicação falada ou escrita de uma nova placa ou uma imagem da nova placa em si? A maioria das pessoas se lembra melhor de imagens do que de palavras, desde que a imagem seja relevante. Mostrar a alguém a imagem de um novo equipamento de grande porte será mais memorável do que apenas falar sobre ele.

O mesmo se aplica aos gráficos de fácil compreensão. Por exemplo, um simples gráfico de custos *versus* receita não apenas ilustra o ponto principal como também é facilmente lembrado pelo público. Se você quiser fornecer detalhes, faça panfletos ou folhetos em um formato que facilite a leitura.

# LEMBRE-SE DOS TRÊS Cs

Uma falha básica e comum a muitas apresentações é quando o público não tem a menor ideia do que esperar. Ele não é informado do motivo da apresentação, qual o conteúdo dela ou quanto tempo durará. Em resumo, fica no escuro.

O apresentador até sabe para onde está indo, mas não lhe ocorre compartilhar o segredo com a plateia. Talvez uma alma muito corajosa se aventure a perguntar: "Do que se trata?", mas esse tipo de interjeição é bastante raro. É bem mais provável que o público permaneça sentado, esperando que o propósito da apresentação fique claro. E, enfim, quando isso acontece, quem está na plateia precisa se lembrar dos dez ou vinte minutos anteriores para tentar resgatar as informações essenciais.

Quando você está tentando transmitir informações para um público ou persuadi-lo de algo, ele deve compreender o objetivo e a relevância do que você está dizendo desde o início. Às vezes, mais tarde é tarde demais – o apresentador já perdeu a plateia e/ou ela perdeu os pontos essenciais da apresentação!

Uma maneira simples de evitar isso é usar os "três Cs": **conte** o que você **vai contar** a eles, depois **conte de fato** e, então, **conte** a eles o que **contou**.

Você pode aplicar esse método a todas as suas apresentações – talvez com uma ou duas ligeiras adições – da seguinte maneira:

1. Conte a eles o que você vai contar a eles (mostre-lhes o objetivo, por que está conversando com eles, como vai fazer isso e quanto tempo terão para ouvir).
2. Conte a eles (estruture o assunto de modo lógico e não se desvie do ponto).
3. Conte a eles o que você contou a eles (resuma o que foi passado dizendo, primeiro, informações essenciais a lembrar; e, segundo, sua proposta e seus principais benefícios).

## *FOLLOW-UP* E ACOMPANHAMENTO

A maioria das reuniões termina tratando da necessidade de maior atenção aos pontos-chave da pauta. Mesmo quando se atribuem essas responsabilidades durante o encontro, é preciso fazer um acompanhamento a fim de garantir que os membros da sua equipe tenham os recursos e as informações de que precisam. Você tem que preparar o caminho para a interação com outro departamento? Os colaboradores precisam de sua ajuda para acessar informações ou dados? É essencial que o gestor acompanhe o que foi decidido.

O acompanhamento após uma reunião tende a ser mais eficaz quando há um resumo por escrito de suas intenções. Em outras palavras, envie um memorando! Se a reunião envolveu um grande número de pessoas ou um departamento inteiro, afixe uma cópia impressa do memorando de acompanhamento em local visível – em cima da fotocopiadora, na sala de descanso, ao lado da porta. Gerentes de algumas empresas até colocam informações importantes nos banheiros. O memorando deve indicar de modo claro e breve o seguinte:

- O problema.
- A solução acordada ou determinada.
- As tarefas envolvidas na implementação da solução.
- Quem é responsável por cada tarefa.
- A linha do tempo para completar as tarefas.
- O método para medir o sucesso da solução.

Muitas vezes, não há motivo para uma reunião de acompanhamento a menos que a solução não tenha funcionado como esperado. Mesmo assim, as pessoas gostam de saber os resultados de suas discussões e contribuições. Certifique-se de comunicar a repercussão das mudanças e soluções implementadas, seja como itens da pauta das próximas reuniões, seja por meio de memorandos ou e-mails. Solicite feedback dos colaboradores, não importa qual seja seu método de avaliação; às vezes, um sucesso aparente ressurge como outra questão. Mais importante, agradeça às pessoas por suas sugestões e participação.

# DESEMPENHO E AVALIAÇÃO

Atendendo as expectativas

Deveria haver uma relação clara e definida entre desempenho e avaliação. Você deveria ser capaz de medir, com precisão e objetividade, se o colaborador realiza as tarefas certas da maneira correta. O problema é que desempenho não é algo preciso nem objetivo. As interações humanas são subjetivas; envolvem fatores de julgamento e percepção que excedem a capacidade de medidas precisas e objetivas.

Digamos, por exemplo, que a tarefa de um colaborador seja fazer seis *widgets* em uma hora. Contar até seis é algo bastante fácil, mas, para medir o desempenho desse profissional, é preciso mais do que contar. Também é necessário determinar se os *widgets* foram feitos corretamente. Existe algum padrão de desvio aceitável? Se sim, é uma medida precisa (cada *widget* não pode ser mais do que 0,0032 de uma polegada maior ou menor do que o modelo) ou é um julgamento (cada *widget* parece sensível ao toque)? O colaborador deve completar um *widget* a cada dez minutos ou é aceitável que ele faça todos os seis nos últimos quinze minutos de cada hora? O colaborador pode fazer doze *widgets* em uma hora, depois nenhum na hora seguinte?

## Estruturas de avaliação de desempenho

As estruturas de avaliação de desempenho variam desde as quase inexistentes (alguns comentários rabiscados no verso de um recado de mensagem telefônica) até as compulsivas (todos os detalhes de uma tarefa, discriminados exaustivamente em documentos de múltiplas páginas). Alguns usam essas estruturas porque são obrigatórias (como é o caso de revisões exigidas pelo governo ou entidades licenciadoras), e outros porque os gerentes e colaboradores não gostam de avaliações de desempenho.

Agora, suponha que seja tarefa de outro colaborador vender seis *widgets* por hora. O padrão é apenas a venda ou as devoluções entram na conta? E se houver problemas com as linhas telefônicas ou o colaborador ligar para quarenta possíveis clientes, mas não conseguir convencer nenhum deles a comprar um *widget*? O profissional não tem controle sobre essas variáveis, mas elas afetam diretamente sua capacidade de desempenho.

Na realidade, objetividade é algo difícil. Seria muito mais fácil para todos se fosse possível elaborar um conjunto universal de padrões. No entanto, não é possível, e isso é bom. Muitos trabalhos exigem variabilidade e flexibilidade. Além disso, as pessoas possuem necessidades diferentes. Se há uma lição que você já deve ter aprendido a essa altura da vida é que "tamanho único", na verdade, não se ajusta a ninguém.

## O tamanho da empresa é importante

Em uma extremidade do *continuum* estão empresas pequenas ou familiares que talvez nunca avaliem formalmente o desempenho dos colaboradores. Quando o quadro funcional é pequeno, é bastante óbvio quando alguém não está fazendo sua parte. Não há como se esconder, como se misturar de modo anônimo em um departamento ou grupo de trabalho. Cada indivíduo tem responsabilidades únicas e importantes; não cumpri-las coloca a empresa em grave risco (e, em geral, iminente). Pessoas que trabalham em tais ambientes tendem a ter fortes motivações para estar lá e compromissos igualmente fortes com a empresa e seu sucesso. É provável que muitas delas sejam parentes. A avaliação de desempenho pode significar um tapinha nas costas para um sucesso extraordinário ou uma bronca por estragar tudo.

Grandes corporações estão na outra ponta do *continuum*. Colaboradores recém-contratados costumam receber um manual escrito contendo as expectativas da empresa em relação a tudo, desde tarefas e responsabilidades até horas de turno e períodos de pausa. A estrutura de avaliação de desempenho costuma ser rígida, e geralmente é usada uma escala numérica. Entretanto, dentro dessa estrutura aparentemente confinada, há espaço para uma grande variação no desempenho. Um colaborador pode trabalhar em um nível abaixo do padrão ou medíocre por determinado período sem consequência direta para a empresa.

## Cumpra o contrato

É comum que as convenções sindicais definam padrões de desempenho, medidas e procedimentos de avaliação. Na maioria das situações, você não pode alterar nenhum desses elementos do trabalho (e, muitas vezes, nem outros) sem uma emenda escrita em contrato. Se o colaborador quer ou aprova a mudança é irrelevante; ações que violam o que está assegurado em contrato podem ter consequências sérias e de longo alcance.

---

A maioria das organizações está em algum lugar no meio desses dois extremos. À medida que as pequenas empresas crescem, elas muitas vezes acrescentam formalidades simples para atender necessidades específicas que surgem – lidar com o primeiro colaborador recém-contratado que não trabalha direito ou determinar como e quando dar um aumento a alguém. Apesar de serem necessárias, as avaliações de desempenho podem ser um grande incômodo tanto para gestores quanto colaboradores. Mesmo quando há diretrizes rigorosas, elas nem sempre abarcam todos os colaboradores e todas as circunstâncias. E, quando as diretrizes são mínimas ou inexistentes, é difícil dizer a um membro da equipe: "Seu desempenho precisa melhorar".

### Desempenho e remuneração

Muitos sistemas de avaliação de desempenho correlacionam a avaliação de um colaborador ao seu salário. Obtenha uma boa avaliação, ganhe um aumento. Obtenha uma avaliação média ou ruim, e o dinheiro permanece o mesmo. Isso incentiva (ou desincentiva) os gerentes a elaborar avaliações que atendam outras necessidades além de questões de desempenho. Pode acontecer de um gestor avaliar bem um colaborador medíocre, que precisa dessa avaliação, com a esperança de que esse profissional saiba disso e fique motivado para melhorar seu desempenho em uma demonstração de gratidão. É provável que tal motivação seja de curta duração, caso venha à tona.

Um profissional cujo desempenho não esteja de acordo com as normas pode não saber disso e acreditar que a avaliação inflada seja precisa. Como a avaliação se torna parte dos registros do colaborador, é difícil, se não impossível, voltar mais tarde para treinar esse profissional por causa de um desempenho que, na verdade, não mudou. Por outro lado, um gerente que enfrenta um orçamento apertado pode decidir que ninguém receberá uma avaliação de desempenho superior à média, evitando, assim, dar aumentos que poderiam empurrar o orçamento para o limite e gerar demissões. Embora o gestor possa acreditar que essa ação é válida porque salvará os empregos de todos, é provável que os colaboradores se sintam traídos – eles têm dado o melhor de si, mas a empresa considera que seu desempenho não é bom o bastante.

# ESTRUTURAS DE AVALIAÇÃO DE DESEMPENHO

Revisões que funcionam

Independentemente de seu modelo, uma estrutura de avaliação beneficia gerentes, colaboradores e empresas. Digamos que seu melhor colaborador cometa um enorme erro que custe muito dinheiro à empresa, colocando seus superiores no seu pé. É um grande erro, e todos no departamento sabem disso. Você se lembrará disso em seis meses, quando for o momento de fazer a avaliação de desempenho desse profissional? Se sim, em que nível de detalhe? A realidade é que as memórias desaparecem rápido, inclusive (ou talvez especialmente) as más. Você pode jurar na hora que nunca vai esquecer, mas vai. É por isso que escrever anotações para si mesmo sobre incidentes importantes – tanto positivos quanto negativos – é uma boa ideia.

E, como se isso não fosse problemático o bastante, outros colaboradores se lembrarão do que aconteceu – mas não necessariamente da história completa ou verdadeira. As pessoas acabam comentando o incidente, e, à medida que falam, os detalhes mudam. (Lembra-se daquele jogo da sua infância, o do telefone sem fio?) Não é que as pessoas têm a intenção de deturpar os fatos. Talvez o conhecimento delas sobre o ocorrido seja limitado; apenas sabem uma parte do todo. Portanto, elas preenchem as lacunas porque todos gostam de histórias com detalhes e finais. E as lembranças se desvanecem – até as delas. O que não conseguem lembrar as pessoas criam. É da natureza humana.

## MUITOS FORMATOS E ESTILOS

Há uma série de abordagens, métodos e sistemas para avaliar o desempenho de alguém. Se sua empresa ainda não usa uma estrutura de avaliação de desempenho, você consegue encontrar on-line recursos para aprender mais sobre os vários sistemas existentes. Mais importante do que qual estrutura sua empresa utiliza, é o fato de ela usar uma – independentemente do tipo.

## Comunique-se! Comunique-se!

A comunicação constante – diária ou, pelo menos, semanal – é a maneira mais eficaz de monitorar e moldar o desempenho dos colaboradores. Ela continua sendo sua ferramenta mais eficaz como gerente. Não economize nas informações, boas ou ruins, para uma reunião de avaliação. Nada do que você ou o colaborador disserem em uma reunião deve ser uma surpresa para qualquer um dos dois.

Um sistema de avaliação de desempenho bem planejado inclui processos para documentar experiências extraordinárias no momento em que acontecem (e, idealmente, para tratá-las com os colaboradores envolvidos no instante em que elas ocorrem). A estrutura mais tradicional apresenta uma revisão anual, em geral no aniversário da data de contratação do profissional, com reuniões trimestrais suplementares. Algumas empresas revisam o salário e o desempenho ao mesmo tempo, enquanto outras os separam. Certifique-se de conhecer as políticas de sua empresa; seus erros podem custar dinheiro aos membros da sua equipe.

# ESTRUTURA SIGNIFICA
# CONSISTÊNCIA

Na maioria das vezes, é melhor seguir a estrutura adotada pela sua empresa, de maneira consistente e sem desvios. Isso evita, ou ao menos minimiza, a probabilidade de que a avaliação volte para assombrá-lo. E a maioria dos gerentes não gosta de fazer o papel de vilão. Um sistema de avaliação de desempenho fornece o apoio documentado de que você precisa para apresentar sua perspectiva ou defender sua posição. Desde o moral até os aspectos legais, uma estrutura formal de avaliação de desempenho realmente beneficia e protege a todos.

Alguns gerentes odeiam papelada, mas isso não significa que seja correto evitar procedimentos estruturados, como avaliações de desempenho. Considere a situação de Beverly.

Não importava por que a papelada era necessária; Beverly apenas a odiava e evitava lidar com aquilo a qualquer custo. Seus colaboradores, em geral, admiravam essa atitude; isso a deixava com uma imagem um pouco rebelde, fazendo-a mais parecida com eles do que com alguém da alta administração. Clarence era um desses colaboradores. Nos dois anos em que se reportou a Beverly, ele não tinha tido uma única avaliação de desempenho. Entretanto, não se dedicou menos por isso; na verdade, ele investia muito tempo e esforço em seu trabalho porque achava que era menos burocrático do que o ambiente corporativo típico. Naturalmente, Clarence também não teve aumento de salário durante esse tempo, uma vez que a empresa vinculava aumento a desempenho. Ele, porém, não se importava muito; já era bem remunerado e acreditava que tudo o que seria preciso era Beverly falar bem dele, e ele poderia contornar essa parte do processo também.

Antes de ele conseguir pedir a Beverly o aumento, a empresa adotou novas políticas e novos procedimentos que forçaram a gestora a fazer avaliações formais de desempenho para todos os seus colaboradores. Para sua surpresa, Clarence descobriu que Beverly não estava totalmente satisfeita com seu desempenho. Ela percebia problemas em várias áreas-chave de suas responsabilidades empregatícias e pediu-lhe que propusesse um plano de melhoria. Devido às suas notas relativamente baixas na avaliação, Clarence recebeu um aumento medíocre. Ele se sentiu traído e apunhalado pelas costas. Sim, ele sabia que tinha tropeçado em certas coisas, mas não era culpa dele, já que ninguém (nem mesmo Beverly) lhe havia dito que ele estava no caminho errado. Clarence apresentou uma reclamação.

# APRESENTE A AVALIAÇÃO DE DESEMPENHO

Para muitos gerentes, avaliar o desempenho de um colaborador só não é mais difícil do que compartilhar a avaliação com quem foi avaliado. Não importa quanto você seja objetivo, há emoções envolvidas. As pessoas gostam de escutar coisas boas sobre si mesmas, e ouvir que precisam melhorar parece uma crítica. A maneira como você apresenta seus comentários vai muito além de moldar as percepções do colaborador sobre o desempenho dele, assim como os sentimentos dele sobre o que você diz.

---

"A cultura corporativa é importante. Como a administração opta por tratar seu pessoal afeta tudo – para melhor ou para pior."

— Simon Sinek, consultor de negócios

---

Agende a reunião de avaliação de desempenho de modo que você tenha tempo suficiente para responder às perguntas e preocupações que surgirem. Estabeleça regras básicas no início do encontro. "Eu vou dizer minha avaliação de seu desempenho para cada item, depois vou lhe dar a oportunidade de compartilhar suas perspectivas e fazer comentários. Peço que não me interrompa e prometo que não vou interromper você."

Mantenha-se concentrado nos tópicos em questão e mantenha as divagações mínimas. Dê exemplos de comportamento observável para fundamentar seus comentários. Se surgirem problemas que precisem de mais discussão, agende outro encontro para resolvê-los. Tome notas e incentive o colaborador a fazer o mesmo. Ofereça a ele a oportunidade de adicionar seus próprios comentários (em uma página separada) ao pacote de avaliação que se tornará parte do arquivo dele.

Apresente melhorias a partir de uma perspectiva positiva, tanto quanto possível. "Você fez um ótimo trabalho desenvolvendo um sistema para monitorar o status dos relatórios. Vamos dar uma olhada em algumas maneiras de agilizar seu fluxo de trabalho para ser mais eficiente." Se houver más notícias, isso não deve ser novidade para o colaborador. Ele deve saber, ou ao menos suspeitar, que há um problema. Seja direto ao apresentar o problema e tenha uma noção de qual ação você pretende adotar em resposta. Conclua a reunião com um plano de melhoria, quer isso signifique corrigir deficiências de desempenho ou ajudar a pessoa a tomar medidas para atingir seus objetivos de carreira.

# IDENTIFIQUE PROBLEMAS DE DESEMPENHO

Foque o comportamento

Uma avaliação de desempenho deve considerar as áreas em que o colaborador foi bem, assim como identificar áreas de melhoria. Mais uma vez, é provável que nada do que você diga em uma reunião de avaliação de desempenho seja uma surpresa para o colaborador – independentemente de ser algo bom ou ruim. Como gerente, você deve sempre interagir com os membros da sua equipe, de modo a manter tanto você quanto eles cientes de quaisquer deficiências de desempenho.

Ainda que você queira manter as coisas amigáveis, essa não é uma conversa casual. Pode ser o primeiro passo para a demissão desse profissional, embora você espere que seja o início da melhoria que você precisa ver. Reúnam-se em algum lugar que garanta privacidade. Pode ser no seu escritório, se for um ambiente fechado com uma porta que tranque. Caso contrário, encontrem-se em uma sala de conferência ou providencie o uso da sala de outra pessoa.

## Encontre o equilíbrio certo

A tendência nas avaliações de desempenho é que os gerentes se concentrem nas melhorias que um colaborador precisa fazer. Isso, claro, é essencial. No entanto, também é importante reconhecer os talentos e as contribuições do colaborador, bem como o crescimento e o desenvolvimento dele.

Chegue a uma avaliação de desempenho com uma pauta escrita clara do que você quer cobrir. Tenha documentação dos problemas que deseja discutir – anotações, memorandos, cópias de e-mails, trabalhos que tiveram que ser refeitos ou qualquer outra evidência que seja relevante. Seja discreto, é claro – tenha os itens em uma pasta de arquivos, não espalhe sobre a mesa quando o colaborador chegar. Por fim, saiba, ao menos em geral, o que você quer que o colaborador faça para remediar a situação.

## FOQUE COMPORTAMENTOS ESPECÍFICOS E OBSERVÁVEIS

Se você ou outra pessoa não observou um evento, ele não aconteceu e você não pode realmente falar sobre ele. Essa não é uma reunião sobre sentimentos ou suspeitas. Trata-se de ações e comportamentos tangíveis – trabalho que não foi realizado, tarefas feitas incorretamente, mensagens de e-mail inapropriadas e assim por diante – que estão criando problemas de desempenho para esse colaborador. Forneça exemplos reais a ele. Você pode dizer coisas como:

- "Aqui está o memorando que você enviou para o departamento de contas a receber sobre a conta de Robinson. Os saldos estão errados, e você errou ao marcar a conta como vencida."
- "Recebi reclamações de outros departamentos sobre o número de piadas que você encaminha por e-mail. Aqui estão cópias de mensagens que as pessoas me deram."
- "Quando estabelecemos a linha do tempo para os *widgets*, você concordou que era razoável e que acomodaria os atrasos que poderiam surgir. Eu cheguei com você todas as semanas, e você afirmou que tinha tudo sob controle. O protótipo do *widget* ainda não está sendo produzido, embora o cronograma diga que deveria estar em plena produção há seis semanas."

O que fazer quando o problema é vago, por exemplo, uma atitude ruim? Talvez você considere que o cerne do problema é atitude, e pode ser mesmo. No entanto, você ainda precisa de provas tangíveis – e, em geral, encontrará várias, como gritar com os colegas de trabalho, falar mal dos outros, chegar tarde e sair cedo. Mais uma vez, seja específico e dê exemplos.

A menos que você tenha perguntado aos outros membros da equipe se pode usar o nome deles ao falar com o colaborador problemático, não os nomeie. Mantenha a conversa focada no profissional que está na sala com você e nos comportamentos dele, não nas pessoas. Explique por que tais atitudes são problemáticas, apenas para se certificar de que você e o colaborador têm o mesmo entendimento (o que não quer dizer que vocês devam concordar).

## OUÇA O PONTO DE VISTA DO COLABORADOR

Muitos profissionais ficam surpresos quando seus gerentes os confrontam sobre seu desempenho. Mesmo quando se mantém uma comunicação clara e aberta, o colaborador pode não perceber a situação como séria ou problemática. Antes de dispensar as explicações do membro da sua equipe, considerando-as desculpas inúteis, você deve à pessoa ouvir o ponto de vista dela. Ouça o lado do colaborador sem interromper. Se for tomar notas, faça-o com discrição. Escute sem julgamento e sem contestar as percepções dele. Se você tiver perguntas, faça-as depois que ele tiver terminado de falar.

Às vezes, há questões dentro de um grupo de trabalho ou departamento que podem impedir parcialmente o cumprimento das tarefas necessárias por parte do colaborador. Equipamentos de informática antiquados, falta de pessoal, processos ineficientes, tais como múltiplos formulários e diversos outros fatores, podem ser barreiras legítimas. Em algumas ocasiões, o colaborador não sabe como realizar determinada tarefa ou etapa de um procedimento nem a quem pedir ajuda, ou tem medo de fazer isso. Se tais fatores estiverem presentes, é sua responsabilidade fazer o possível para remediar a situação. Se houver barreiras que você não possa remover ou minimizar, não é justo ou razoável responsabilizar aquele membro da equipe. Talvez seja necessário que você modifique suas expectativas ou as responsabilidades profissionais do colaborador.

## Procure soluções individuais

Se valer a pena manter um colaborador, vale tempo e energia achar soluções que funcionem para vocês dois. Considere treinamento adicional com aulas ou workshops, tutoria um a um com um colaborador mais experiente, treinamento on-line ou em vídeo, ser "sombra" de outro colaborador para ver o trabalho dele – qualquer opção que pareça eficiente, eficaz e até um pouco divertida.

# COACHING DE DESEMPENHO

Melhorando o comportamento profissional

Quando falamos de coaching no contexto do ambiente de trabalho, estamos nos referindo ao processo de reunião formal com um colaborador para discutir questões de desempenho – e de documentar essa discussão em uma carta ou um memorando que vai para o colaborador e, talvez, para o seu arquivo pessoal. Em muitas empresas, essa ação é um passo no processo de disciplina progressiva. Não é um aconselhamento no sentido de "vamos descobrir o que realmente o está incomodando para que possamos melhorar". Você não é terapeuta; você é gerente. Você não pode resolver problemas psicológicos, mesmo que saiba o suficiente para perceber que eles estão presentes. Seu papel é dizer a esse colaborador: "Há problemas com seu desempenho que precisamos discutir". O que você quer é melhorar questões que têm a ver com o trabalho desse profissional. Se isso também resolver os problemas pessoais dele, ótimo. No entanto, esse não é o seu objetivo principal.

## Empatia, mas à distância

Se um membro da sua equipe está tendo problemas em casa – com um parceiro, filhos, pais idosos ou de saúde –, você pode emprestar um ouvido simpático, mas não pode se intrometer nessas áreas. Recomende que o colaborador procure ajuda externa. Se sua empresa oferece um programa de assistência ao empregado (PAE), encaminhe-o para assistência. Se o problema estiver relacionado ao abuso de substâncias, a maioria das leis trabalhistas estaduais exige que as empresas sigam certos procedimentos para testes, aconselhamento obrigatório e acordos de retorno ao trabalho. Certifique-se de seguir as políticas e procedimentos de sua empresa.[4]

---

[4] No Brasil, não há nenhuma orientação legislativa que determine a conduta que deve ser tomada pelas empresas em relação à dependência química dos colaboradores, exceto para categorias profissionais específicas, como os condutores de trânsito, que obrigatoriamente devem se submeter a testes toxicológicos. No entanto, é recomendável, considerando a perspectiva de atualização da legislação trabalhista brasileira, encaminhar o colaborador a assessoria médica do trabalho assim que o

Muitas vezes, essa abordagem parece fria e dura. Você é um ser humano compassivo que realmente se preocupa com o colaborador como pessoa, não apenas como uma unidade de trabalho produtiva. E, embora você possa (e deva) se concentrar nos comportamentos que deseja que o colaborador mude, saiba que a mudança apenas acontecerá de fato quando você descobrir e abordar as questões subjacentes. No entanto, essa não é sua função. O papel de terapeuta (ou mesmo de amigo) pode fazer com que você e sua empresa enfrentem problemas legais. É mesmo uma situação delicada e pode sair de controle antes que você perceba.

Se o membro da sua equipe identificar fatores dentro do local de trabalho que interferem na conclusão das tarefas, estabeleça um plano para que você aborde essas questões e um prazo para retornar ao colaborador com respostas ou soluções. Cada pessoa tem necessidades únicas quando se trata de melhorar seu desempenho profissional, assim como cada uma tem um estilo de trabalho único. É importante estabelecer que esse é um assunto sério e que você está definindo a estrutura para remediar a situação. Você também deve permitir que o colaborador se sinta confortável para participar dessa ação. Quando a reunião de coaching terminar, ambos devem poder sair com sua dignidade e autoconfiança intactas. Afinal, o colaborador tem mais interesse em melhorar do que qualquer outra pessoa.

## A DOCUMENTAÇÃO É SUA AMIGA

É bom que você tome notas durante a reunião – convide o colaborador a fazer o mesmo. Quer você faça isso ou não, tire mais dez ou quinze minutos logo após o fim do encontro (depois que o

---

problema for identificado, sobretudo porque a dependência química é uma doença, e o afastamento do trabalho pode ser indicado para que um tratamento seja realizado e, caso o colaborador aceite a abordagem oferecida, a empresa deve fornecer documentos que o permitam receber o auxílio-doença comum, benefício assistencial pago pelo Instituto Nacional do Seguro Social (INSS).

colaborador sair) para escrever uma breve descrição do que aconteceu. Por exemplo:

- Anote quais exemplos específicos você usou e como o colaborador reagiu.
- Anote os detalhes do plano de melhoria que vocês combinaram, assim como os passos que serão necessários para monitorar o progresso.
- Registre quaisquer fatores do ambiente de trabalho que o colaborador sinta que interferem na produtividade, bem como suas intenções de tratar de questões que envolvam esse profissional.

Antes de escrever, considere como suas palavras poderão soar daqui a alguns meses ou anos, vindas da boca de um advogado. Certifique-se de que seus comentários sejam factuais e mantenham o mesmo foco tangível da reunião. As leis variam entre os estados, mas, em muitos, os tribunais podem intimar qualquer material escrito que você mantenha – incluindo anotações pessoais.[5] Se você tiver alguma dúvida sobre qual documentação é apropriada nesse caso, verifique com o RH ou com o departamento jurídico de onde você trabalha. Mesmo que sua empresa tenha um departamento que cuide do aspecto legal do emprego, não lhe custa nada conhecer o básico. Como gestor de linha de frente, sua responsabilidade pode ser limitada quando se trata de tais questões. Entretanto, à medida que você avança na hierarquia de gestão, deve aprender mais sobre os detalhes – em especial, quando se trata de pequenas empresas, pois nelas os gerentes de nível médio podem assumir funções de outros departamentos.

---

[5] O tipo de apresentação de prova descrita não funciona no Brasil, sobretudo porque a Legislação Trabalhista compõe a Constituição Federal, nos termos do inciso I do artigo 22. A competência dos Estados e Municípios é residual e limitada à imposição de condições físicas para o exercício da atividade laboral. Ademais, existe o que se chama no Direito do Trabalho de Poder Normativo da Justiça do Trabalho, que dá status de norma jurídica às decisões tomadas pelo Tribunal Superior do Trabalho, o que pode mudar o curso de cada processo.

## Documentar tudo é a melhor salvaguarda

Muitos gerentes ficam receosos de colocar no papel relatórios de desempenho ruins, temendo que aquele documento volte para assombrá-los em juízo. Entretanto, advogados especializados em direito trabalhista consideram que documentar tudo é a melhor salvaguarda de uma empresa contra processos jurídicos. As descrições de cargos e as avaliações de desempenho por escrito estabelecem a consistência processual. A trilha de papel que provavelmente causará problemas é aquela construída com o único objetivo de executar determinada ação. Documentos por escrito devem sustentar decisões, não criá-las.

Documentar informações é um ótimo hábito a ser desenvolvido. Uma boa trilha de papel pode demonstrar como você e a empresa abordam com consistência as questões de desempenho, além de fornecer provas irrefutáveis de seus esforços na mudança e melhoria do colaborador. Na maioria das vezes, uma documentação sólida impede (e não incentiva) ações judiciais – em especial quando gestor e colaborador assinam cópias datadas. Isso ajuda a proteger você e a empresa contra acusações de irregularidades ao longo do caminho, quando as memórias se tornaram seletivas e desbotadas (de todos os lados). Dependendo de onde você trabalha, isso pode ser mais do que um conselho sábio – pode ser uma política corporativa. A maioria das empresas tem diretrizes e procedimentos por escrito a serem seguidos pelos gerentes.

## ACORDEM UM PLANO DE MELHORIA

Depois de compartilhar suas preocupações e ouvir o ponto de vista do colaborador, é hora de agir. Identificar os problemas é a primeira metade de sua tarefa; identificar as soluções é a segunda. Embora você queira que o colaborador participe da elaboração do plano de melhoria, também precisa ter certeza de que tal plano atinja os seus objetivos e os da empresa. Todo plano de melhoria deve incluir três elementos centrais:

- **Objetivos específicos e descrições das melhorias que você deseja ver.** "Os memorandos que saem deste departamento devem estar sem erros gramaticais e ortográficos."
- **Passos específicos para alcançar as melhorias descritas.** "Eu quero que você execute o corretor ortográfico pouco antes de salvar ou imprimir qualquer documento. Durante as próximas duas semanas, vou me sentar com você às 11 horas da manhã e às 3 horas da tarde para rever todos os memorandos. Vamos revisá-los juntos."
- **Métodos específicos para medir o desempenho e avaliar a melhoria.** "Eu passei o corretor ortográfico nestes memorandos que lhe mostrei, e cada um tinha, pelo menos, sete erros. Ao final de uma semana, quero que os memorandos que revisamos juntos tenham menos de três erros cada. Ao final de duas semanas, quero que cada memorando que revisamos juntos não tenha erros que o corretor ortográfico seja capaz de detectar. Vamos nos encontrar novamente ao final de duas semanas para discutir sua melhoria."

Dependendo do tipo de problema e da complexidade das tarefas do colaborador, seu plano de melhoria pode consistir em alguns poucos itens ou várias páginas de expectativas e diretrizes. A maioria dos planos de melhoria funciona melhor quando inclui um acordo para reunir-se em intervalos determinados, a fim de rever o progresso e fazer as revisões apropriadas. Se um colaborador está com problemas em várias funções do seu trabalho, o ideal é que você desenvolva um plano progressivo que ataque um problema de cada vez. Qualquer que seja a forma que o plano assuma, documente-o por escrito. No final, inclua a frase: "Entendo as melhorias solicitadas e concordo em seguir este plano para cumpri-las" (ou outra com o mesmo significado). Em seguida, assine e escreva a data, e peça ao colaborador que faça igual. Cada um de vocês recebe uma cópia desse documento.

# ACOMPANHAMENTO OPORTUNO

Por conceito, o desempenho de alguém está em constante evolução à medida que as habilidades e os conhecimentos desse profissional crescem e se expandem. Sempre há espaço para a melhora do desempenho de cada colaborador. Embora sua empresa realize reuniões de avaliação apenas uma ou duas vezes por ano, a mudança (seja para corrigir um problema ou fomentar o crescimento) requer acompanhamento e monitoramento regulares. Você deve estabelecer o modo e o formato desse acompanhamento durante a reunião de avaliação ou em uma reunião subsequente, se você tiver definido assim. Quais são as obrigações e os compromissos do colaborador? E os seus? O colaborador vai trabalhar com você para estabelecer o que é prioritário, ou lhe apresentar prioridades realinhadas, ou, ainda, confiar em você para apresentar tais prioridades? Certifique-se de que o plano de melhoria estabeleça o seguinte:

- Um cronograma de reuniões regulares para avaliar o progresso do colaborador em direção à melhoria.
- Ações de melhoria sugeridas (em termos de comportamentos mensuráveis).
- Expectativas claras para o que cada reunião de acompanhamento vai cobrir, e quais resultados e informações o colaborador precisa apresentar.
- Exatamente quais melhorias você espera ver (em termos de comportamentos observáveis), e quando você ficará satisfeito de que as melhorias desejadas aconteceram.
- Consequências em caso de não haver melhorias.

Se, durante a reunião de avaliação, o colaborador levantou preocupações que exigem sua ação, dê a ele um cronograma e um senso de estrutura para esperar respostas suas. Como gestor, você é responsável por garantir que o acompanhamento ocorra, tanto das mudanças de comportamento desejadas quanto das reuniões ou discussões para monitorar ou confirmar as mudanças. Se você não se importa com o acompanhamento desse processo, por que o colaborador deveria?

# GERINDO ANTIGOS COLEGAS

As pessoas que você conhece

É emocionante receber uma promoção para gerente. Você está orgulhoso de si e de suas conquistas, e com razão – você se esforçou para ganhar seu posto na escada corporativa. Naturalmente, mal pode esperar para compartilhar seu entusiasmo com os colegas de trabalho. É provável que eles se orgulhem de você. Afinal, sua promoção é a prova real de que eles também têm uma chance de subir na hierarquia. Você representa possibilidades e potencial. No entanto, eles não são mais seus colegas de trabalho. E, se vão continuar seus amigos, depende de inúmeras variáveis, incluindo se você subiu de cargo e foi transferido ou apenas subiu de cargo, o que significa que seus ex-colegas de trabalho agora se reportam a você.

## Promova de modo justo

Quando as políticas de promoção de uma organização são claras e todos sempre as seguem, as pessoas costumam achar justas as promoções realizadas. Aqueles que competiram com você pela promoção até ficam decepcionados porque não a conseguiram, mas provavelmente o apoiarão em seu novo cargo.

É segunda-feira de manhã, seu primeiro dia como gestor. Você trabalha há vários anos com todas as pessoas que estão batendo papo na copa. No entanto, agora elas respondem à sua saudação alegre com uma reserva cautelosa. Não são mais seus colegas de trabalho. Você subiu um degrau, e eles permaneceram onde estavam. Seus ex-colegas de trabalho agora se reportam a você e mal podem esperar para colocá-lo à prova. Não de uma maneira maliciosa, é claro – pelo menos, não a maioria deles. Agora, porém, procuram você para informar a respeito de tudo, de rotina de trabalho do dia até crises com clientes e problemas com agendamentos. Desde deveres diários até índices de desempenho e segurança no trabalho, você tem o futuro deles em suas mãos. Eles sabem disso mais do que você!

## Respeite a hierarquia e a estrutura

O Exército dos Estados Unidos há muito proibiu a confraternização entre oficiais e alistados. Embora a interação e até mesmo a proximidade entre os membros da unidade sejam essenciais para um melhor desempenho, a perspectiva militar é que a familiaridade mina a autoridade e o desempenho das funções. Os militares esperam – e exigem – que todo o pessoal respeite o posto e a estrutura de gestão militar.

# USE O QUE VOCÊ SABE

Ser promovido dentro de seu grupo de trabalho pode ser o maior desafio que você enfrentará como gestor. Sua principal vantagem é que você já conhece essas pessoas. Sabe do que elas gostam e não gostam em relação ao local de trabalho e aos estilos de gestão que dirigem e regulam o trabalho delas. Você sabe do que *você* gosta e não gosta. Talvez até saiba quais mudanças os colaboradores do departamento desejam ou esperam de um gerente. Use esse conhecimento para começar com o pé direito em sua nova função. Os quatro Rs a seguir podem ajudá-lo a passar de colaborador para gerente dentro de sua equipe.

- **Resista** à tentação de fazer mudanças imediatas e drásticas. A menos que seja algo que a alta administração espere de você, mantenha o rumo até ter uma ideia de como é estar do outro lado. Você precisa de um tempo até que seu novo papel amplie e esclareça seu ponto de vista.
- **Revise** os procedimentos e as práticas existentes. Reúna-se com os colaboradores um a um ou em pequenos grupos para

perguntar-lhes o que eles acham que funciona, não funciona e por quê. Pergunte quais mudanças gostariam de ver e mantenha o foco no trabalho. Tome notas.

- **Reveja** um passo de cada vez. Às vezes, uma pequena mudança faz uma diferença enorme. Planeje uma abordagem que inclua algum tipo de sistema de medição. Incorpore as sugestões dos colaboradores na medida do possível, mesmo que apenas partes do que eles afirmaram querer.
- **Reconheça** as contribuições dos membros do seu time. Sempre compartilhe o crédito. Todas as tarefas exigem algum nível de colaboração, cooperação e sinergia de trabalho em equipe. A gerência de nível superior sabe que uma boa equipe só existe quando há um bom líder.

A transição de um gestor para outro raramente é suave. Seus ex-colegas, agora seus subordinados, se ressentem de você quando você lhes passa tarefas e avalia o desempenho deles. É capaz que reajam de uma ou mais das seguintes maneiras:

- Comportamento passivo-agressivo, quando eles parecem estar concordando com o que você diz, mas, na realidade, estão minando seus esforços. Esse tipo de comportamento pode tomar a forma de fazer apenas e exatamente o que você lhes manda, não lhe informando quando surgem problemas ou quando eles sabem que uma determinada abordagem não vai funcionar.
- Raiva aberta, na qual ex-colegas de trabalho infelizes criam conflitos ou ignoram você ou, ainda, param de falar com você.
- Sabotagem, na qual um ou mais colaboradores interferem de modo intencional no fluxo de trabalho, por exemplo, "perdendo" arquivos ou não passando recados.
- Insubordinação e recusa a fazer o trabalho.

Esses comportamentos podem ser sutis ou diretos, e não há uma maneira única de lidar com eles. A abordagem mais eficaz é conversar com cada infrator individualmente. Você consegue resolver a maioria das queixas dando às pessoas a oportunidade de dizer o que elas estão pensando. É importante fazer isso em particular; uma plateia só vai alimentar o descontentamento daquele colaborador. Escute-o antes de começar a falar. Lembre que a maior parte do que você ouve vem da emoção. Diga o que for preciso para manter a reunião focada no trabalho, mas permita que a pessoa expresse sua opinião.

## Discipline imediatamente

Não se descuide de aplicar ações disciplinares! Quando um colaborador o coloca à prova, violando a política da empresa, padrões éticos ou mesmo leis, você deve tomar medidas imediatas e apropriadas. Não fazer isso, no mínimo, diminui sua autoridade dentro da equipe e, na pior das hipóteses, pode torná-lo cúmplice da infração.

---

Quando for a sua vez de falar, reconheça os sentimentos da pessoa e depois leve a conversa para o lado profissional. Use um tom de colaboração. Não peça desculpas por sua promoção; você não tem nenhuma razão para se sentir mal por isso. "Eu sei que você esperava receber esta promoção, Frank. Você está aqui há muito tempo e tem muitas boas ideias. Eu também tenho algumas ideias e estou animado para me reunir com você e com os outros nos próximos meses para discutir os procedimentos e o rumo do departamento."

Quando o comportamento é uma ofensa grave – infringe a política da empresa, põe em risco as relações com os clientes ou coloca as pessoas em perigo –, você não tem outra escolha senão pôr em prática as políticas disciplinares da empresa. Por ser um gerente iniciante, o ideal é que você envolva na questão pelo menos seu chefe e um representante do RH. Sua empresa, talvez, estipule outros processos, dependendo dos contratos e das relações de trabalho (como sindicatos) que possam existir.

# COLABORADORES RAIVOSOS, GERENTES RAIVOSOS

Encontrando os problemas implícitos

Raiva é um sentimento comum no local de trabalho. As pessoas se chateiam com outras pessoas, circunstâncias e situações. Ficamos irritados quando nos sentimos com medo, tristes, ameaçados, inseguros, decepcionados – quando as coisas estão fora de nosso controle. A raiva desencadeia uma reação quando outros esforços falham, o que pode gerar uma falsa sensação de controle. Para quem é o alvo da raiva, é desconfortável lidar com a situação provocada por esse sentimento, de modo que a pessoa costuma fazer o que for preciso para acabar com aquele desconforto – o que, muitas vezes, significa aplacar quem está irritado dando-lhe o que quer.

## Quando a raiva é mais do que um desabafo?

A raiva se torna perigosa quando os que estão ao redor se sentem ameaçados pelas atitudes da pessoa irada. Tais atitudes incluem ameaças diretas ou indiretas, gritos e ações como bater em coisas ou arremessá-las, e gestos ou contato físico.

## A GOTA D'ÁGUA

Todo mundo sente raiva, e todo mundo sente raiva das pessoas erradas pelas razões erradas em momentos errados. A maioria expressa raiva quando não consegue mais controlar os sentimentos que carregam consigo. No entanto, o evento que faz alguém passar dos limites é muitas vezes algo pequeno, que talvez nem mesmo esteja relacionado às razões que o levaram a ficar com raiva. O desafio para você, como gestor, é identificar e expor as questões implícitas. Segue um exemplo.

Carolyn, assistente administrativa do departamento de contabilidade, explodiu quando Stephen, um colaborador da contabilidade, parou em sua mesa para lhe dizer que a sala de descanso estava sem café. "Eu estou de saco cheio! Compre a porcaria do seu próprio café", ela gritou para ele. "Não sou a única neste departamento que pode andar dois míseros quarteirões até o mercado para comprar um pacote de café em pó! Não é preciso ter um diploma universitário para isso! Vá você comprar o café!"

John, o gerente do departamento, ouviu Carolyn gritar e saiu de seu escritório para ver o que estava acontecendo. Ele pediu que ela fosse dar uma caminhada com ele. Uma vez fora do prédio, perguntou-lhe sobre o ocorrido. Ainda agitada, Carolyn repetiu sua exasperação de que todos no departamento pareciam achar que comprar café era responsabilidade dela e só dela. "Eu nem tomo café", disse a assistente administrativa. "Em nenhum lugar da descrição do meu cargo diz que comprar café é função minha! Ninguém nota mais nada que eu faço, mas quando o café acaba, todos vêm correndo para mim!"

John concordou de imediato que não era função de Carolyn comprar café. Não era nem mesmo uma responsabilidade do trabalho, para ninguém. Era um padrão que o departamento tinha definido porque ela, em algum momento, havia se disposto a fazer isso, observou ele, mas certamente não era um aspecto do trabalho dela. John garantiu a Carolyn que colocaria um memorando pedindo àqueles que bebiam café que decidissem entre si como manter o fornecimento.

Enquanto caminhavam e conversavam, ficou claro para John que Carolyn estava muito frustrada porque seu trabalho não lhe dava as oportunidades de crescer que ela imaginara ao aceitar o emprego havia três anos. Em seu plano de carreira, ela já devia ser escriturária de contabilidade – mas lá estava ela, ainda uma assistente administrativa correndo para a loja para comprar café. "Sei tanto quanto os outros escriturários, provavelmente mais, porém ninguém percebe que sou eu quem corrige seus relatórios e registros", disse Carolyn a John. "Houve três vagas em contas a receber nos últimos seis meses, mas toda vez você selecionou outra pessoa."

John explicou que o departamento usava requisitos educacionais para selecionar os candidatos, e que Carolyn não tinha um diploma de graduação com especialização em nenhuma das áreas exigidas. Ele concordou que o conhecimento dela acerca do departamento e de suas funções era exemplar, e disse que verificaria com o RH se havia uma maneira de flexibilizar os requisitos educacionais para aceitar a formação de Carolyn na função almejada. John também lembrou à colaboradora que ele mantinha uma política de portas abertas porque queria que as pessoas o procurassem quando tivessem algum problema. Se ela tivesse ido falar com ele quando as vagas de emprego foram abertas, ele poderia ter falado com o RH na época. Acontece que não havia nenhuma vaga agora, e ele não sabia quando uma apareceria. John e Carolyn concordaram em se reunir na semana seguinte para discutir o que John conseguira descobrir com o RH.

Carolyn se sentia pouco valorizada e injustamente negligenciada quando se tratava de oportunidades de promoção. Isso a fez duvidar se estava de fato qualificada para o cargo que queria; se ninguém notava como era boa profissional, talvez ela não fosse mesmo tão boa assim. Então ela se esforçava ainda mais para que John e as outras pessoas do departamento notassem seu trabalho e reconhecessem suas habilidades – deixava papéis com recados na mesa dos colegas sempre que ela corrigia a papelada incompleta que eles apresentavam, e participava das discussões sobre os procedimentos do departamento e assuntos contábeis. O fato de ninguém ter percebido essas tentativas de obter reconhecimento alimentou ainda mais sua frustração e a dúvida sobre si mesma.

## Amenizando a situação

Como gestor, John deveria ter compreendido melhor os objetivos de carreira de Carolyn. O plano de cargos e carreira era uma parte fundamental dos padrões de desempenho e do processo de avaliação da empresa. Cada colaborador se reunia com seu gerente a cada seis meses, a fim de analisar o progresso do profissional em relação às metas e aos objetivos declarados. Se Carolyn era vaga nessas reuniões, John deveria tê-la pressionado pelo menos para ter certeza de que entendia o que ela esperava alcançar em termos de carreira na empresa. Quando Carolyn entrou em crise, no entanto, John reagiu com rapidez e de modo adequado.

- Ele removeu Carolyn da cena. Quando alguém se enfurece diante de outras pessoas, é quase impossível recuar sem perder a dignidade. Como a frustração e o medo são duas das principais emoções que inflamam a raiva, quem está explodindo de raiva não vai se render e validar de bom grado essas emoções. Retirar a pessoa raivosa da frente de qualquer público elimina a necessidade dela de permanecer enfurecida. Também proporciona a ela a oportunidade de recuperar a compostura e a dignidade.
- Ele concordou com Carolyn que seus sentimentos eram válidos. Isso colocou ambos do mesmo lado, dando-lhes uma base comum a partir da qual poderiam trabalhar para buscar uma solução aceitável para ambos.
- Ele se concentrou nos problemas. Embora John não apoiasse o comportamento de Carolyn, também não o criticou. Ele direcionou a discussão para a decepção e frustração de Carolyn por não ter sido promovida, e para as políticas da empresa que

impediram os esforços dela. Isso permitiu a John apresentar possíveis soluções.

- Ele concluiu a conversa com ações tangíveis e um plano de acompanhamento. Sem fazer promessas que talvez não fosse capaz de cumprir, John disse a Carolyn exatamente o que faria para tentar resolver a frustração da colaboradora e estipulou quando eles se reuniriam para novas discussões.

A raiva de Carolyn, naturalmente, não tinha nada a ver com o pobre Stephen, cujas palavras foram apenas o gatilho que liberou as insatisfações da colaboradora.

# GERENTES RAIVOSOS

Embora colaboradores raivosos sejam uma grande preocupação para a maioria dos gestores, gerentes raivosos também costumam ser uma grande preocupação para os colaboradores. Os membros da equipe são, infelizmente, alvos convenientes quando um gestor perde o controle, muitas vezes por razões completamente alheias à daquela raiva. Tanto os gerentes quanto os colaboradores às vezes levam problemas de casa ou de outras áreas de suas vidas para o ambiente de trabalho. Uma briga com o cônjuge ou com os filhos pode fazer o seu dia já começar amargo. Como você sabe que precisa ir trabalhar e lidar com todas as pressões do seu trabalho, tenta se acalmar e se recolher em casa para, ao menos, sair com a ilusão de que está em paz e harmonia. No entanto, quando você chega ao trabalho, um colaborador diz ou faz algo que desencadeia aqueles sentimentos que você engoliu, e eles se apressam a voltar. Antes que perceba, você está despejando um monte de coisas em cima desse colaborador cujo único crime foi estar no lugar errado, na hora errada, dizendo a coisa errada.

## A utilidade dos PAEs

Existem muitas pressões no mundo de hoje, tanto em casa como no trabalho. O programa de assistência ao empregado (PAE) pode ser um bom recurso para colaboradores e gestores. A maioria dos PAEs disponibiliza aconselhamento a curto prazo a fim de ajudar as pessoas a encontrar soluções para seus problemas. Muitos PAEs estendem serviços de consultoria a gerentes e supervisores, oferecendo conselhos e recomendações sobre questões do local de trabalho. Tais intervenções ajudam os gestores a lidar com o estresse e os fatores que o causam, podendo, assim, sanar os problemas antes que se tornem mais sérios.

Os gerentes podem se safar de muitos comportamentos abusivos para com os colaboradores, ou ao menos é o que pensam. Eles até podem fechar a porta e dizer o que quiserem e se livrar a curto prazo. No entanto, o preço da perda de moral e até mesmo as consequências legais de seus atos vão aparecer em algum momento. A equipe aprende logo a ler o estado de espírito do gestor. Quando ele está com problemas em casa ou sendo pressionado por outros departamentos ou superiores, os colaboradores antecipam-se ao desabafo e às críticas. Alguns se escondem atrás de projetos que os tiram do escritório, enquanto outros se enfurecem eles mesmos.

## O mau uso da raiva

Às vezes, gestores usam a raiva como uma maneira de colocar os colaboradores contra a organização. Um gerente pode não gostar da direção da empresa, por exemplo, por isso incita a raiva em sua equipe, esperando que vá ferir a empresa ao magoar aquelas pessoas. Isso irrita a todos no grupo e os une em uma batalha. Ainda que os colaboradores, em muitos casos, não saibam que é isso que está acontecendo, é provável que sofram as consequências, perdendo oportunidades no trabalho e ganhando má reputação.

Quando um gerente perde o controle, e em especial quando isso desencadeia um sentimento de raiva para com os colaboradores, as consequências podem ser graves e ter desdobramentos. Quando você sentir a sua raiva aumentando e souber que vai respingar em algum membro da equipe, respire fundo e pergunte a si mesmo:

- Esse colaborador é a fonte da minha raiva?
- Em caso afirmativo, por quê?
- Se não, quem ou o que é?
- Estou realmente com raiva ou estou decepcionado?
- O que, de fato, o colaborador pode (ou eu posso) fazer para remediar a situação?
- Posso falar com o colaborador sobre isso sem perder a calma?
- Qual é o pior que pode acontecer se eu simplesmente me afastar da situação e voltar a ela mais tarde?

Se você perceber que não consegue falar com o colaborador sem perder a calma, faça o que for preciso para se acalmar antes de dizer qualquer coisa para ele. Então, antes de abordá-lo, anote para si mesmo em um papel explicações sobre o problema, como você o enxerga, quais consequências adversas ele desencadeou, e que soluções você propõe. Siga esse "roteiro" durante a conversa (mesmo que você precise se referir às suas anotações enquanto fala), isso o ajudará a se manter calmo e concentrado.

## GERENCIANDO SEU ESTRESSE

Há muitas razões para o estresse no ambiente de trabalho, e cada indivíduo tem gatilhos únicos. Em geral, esse estresse é o resultado de cansaço e exigências, seja no trabalho, em casa ou em ambos. Todos nós levamos vidas ocupadas que raramente nos permitem tirar um tempo de folga de tudo.

A maioria das pessoas fica mais estressada quando está trabalhando duro ou por longas horas e sente que não está recebendo nada em troca de seus esforços e sacrifícios. Para algumas, esse reconhecimento se traduz em dinheiro (ou seja, essas pessoas acham que deveriam receber mais), embora costumem sentir mais falta de um reconhecimento do todo. O dinheiro perde muito de seu encanto depois de um tempo, mas os elogios pelo trabalho bem-feito vivem na memória por um longo, longo tempo.

## Estresse no trabalho, estresse em casa

A vida pessoal acrescenta camadas ao estresse. A pressão do escritório parece ser pior quando a vida em casa não está conforme o esperado. Ou a vida pessoal está ótima, mas não conseguimos aproveitá-la, ou não está tão boa assim, portanto não há alívio do estresse mesmo quando vamos trabalhar.

Estresse é uma questão de equilíbrio. Certo nível de estresse é necessário na vida, claro – sem ele, não temos motivação ou interesse para fazer as coisas. No entanto, quando o estresse é muito, também não nos sentimos motivados ou interessados. Se a vida for só trabalho, aperte o cinto de segurança – a colisão é inevitável. Então o que você pode fazer como gerente? Em primeiro lugar, reconhecer os sintomas de seu próprio estresse.

- Ansiedade e preocupação com as coisas que você não pode mudar.
- Incapacidade de dormir ou falta de sono adequado.
- Fadiga e sensação de exaustão.
- Rompantes de raiva.
- Depressão e falta de interesse em atividades normalmente agradáveis.
- Sentir pena de si mesmo.
- Comportamento passivo-agressivo.

Mesmo que você não veja esses indicadores quando se olha no espelho ou ouve a si mesmo falando com os colaboradores, saiba que eles aprenderam a ler seus estados de ânimo. Talvez não saibam o que fazer com esse conhecimento, mas eles se tornam menos eficientes porque você está menos eficiente.

Evitar a situação pode ser uma boa tática de distração, mas não funciona a longo prazo. Um ambiente baseado na evasão torna-se confuso e frustrante para todos. Uma hora, os membros da sua equipe não conseguirão mais identificar se você está tendo um dia estressante ou se a tempestade passou. De qualquer modo, eles não saberão como devem se comportar. Como gerente, você estabelece o "protocolo de estresse" para seu departamento e seus colaboradores. As pessoas copiam as suas atitudes. Se esse protocolo não for aquele que você deseja que todos sigam, mude-o. Gestores precisam dar exemplos claros, e ser sinceros – mesmo em relação ao estresse – é um deles. Aqui estão algumas ideias:

- Se estiver se sentindo estressado, entre em seu escritório, feche a porta e respire devagar e profundamente. Se você medita ou faz ioga, tire dez minutos para se entregar a esses grandes aliviadores de estresse.
- Diga a seus colaboradores que você está se sentindo estressado e ofereça uma breve explicação. "Eu não dormi o suficiente ontem à noite e tenho que terminar este relatório até o meio-dia", por exemplo. Isso muitas vezes faz com que você e seus colaboradores se sintam melhor.
- Tente não dizer coisas das quais você se arrependerá ou pelas quais terá que pedir desculpas mais tarde. A regra de "contar até dez" vem a calhar em tempos de estresse. Dez segundos não é muito tempo para parar antes de responder a uma pergunta ou um comentário, e o tempo extra para pensar pode poupar todos os envolvidos de constrangimento e frustração.
- Lembre-se de que é uma situação temporária, e ela também passará.

- Se alguns dias de folga ajudarem, tire-os. Seu departamento e a empresa sobreviverão sem você.

Você também precisa analisar seu estilo de vida e incentivar seus colaboradores a fazer o mesmo. Se sua carga de trabalho for esmagadora, o que pode melhorar a situação? Você está aceitando responsabilidades demais? Não está delegando? O que deve fazer? O que pode fazer? O estresse começa com você, então dê um exemplo positivo aos seus colaboradores. (Você já está dando algum tipo de exemplo; agora é sua chance de moldá-lo como o exemplo que você quer que seja o padrão.) O que você precisa fazer quando está estressado? Precisa de férias ou de um longo descanso? Se sim, tire o tempo necessário para isso. E incentive seus colaboradores a agir de igual modo.

# SUBSTITUINDO UM GERENTE

Uma responsabilidade e uma oportunidade

O que é um gerente "ruim"? Muitas vezes, esse tipo de julgamento é pessoal. Afinal de contas, ninguém é perfeito. Entretanto, o que os colaboradores consideram como bom ou ruim em um gestor nem sempre corresponde à opinião da gerência executiva. Há também diferentes níveis de "má" gestão. Por exemplo, alguns gerentes sentem tanta necessidade de que sua equipe goste deles que fofocam com ela, até mesmo falando mal da empresa ou de seus líderes. Ainda que isso pareça inofensivo, essas ações acabam custando aos gestores de ambos os lados. Os colaboradores logo começam a se perguntar o que seus gerentes dizem sobre eles, e os executivos não confiam mais que os gerentes fofoqueiros defenderão os interesses da empresa.

Fofocar é ruim, mas há coisas piores. Considere o cenário a seguir. Embora os nomes tenham sido alterados para proteger a identidade das pessoas, as circunstâncias são reais.

## UM PREDECESSOR REALMENTE HORRÍVEL

Às vezes, o ex-gerente pode ser de fato ruim sob todos os aspectos. Há gestores ditatoriais, desorganizados, egoístas, injustos, preguiçosos e abusivos. Nem os colaboradores, nem os executivos apreciam essas características (embora quase todos tenham tido um chefe, em algum momento, que as personificava). Quando está substituindo um gerente que era ruim segundo todos os relatos e parâmetros, você tem tanto uma responsabilidade quanto uma oportunidade.

Jonathan entrou para a Wonder Corporation sendo elogiadíssimo pelos executivos de alto nível que o haviam contratado. Dentro de semanas, no entanto, seus colaboradores contavam uma história bem diferente. Jonathan parecia ficar doente toda vez que tinha acumulado banco de horas suficiente para cobrir um dia fora do escritório. Pelo menos uma vez por semana, ele ligava para dizer que ia trabalhar em casa, embora ninguém atendesse o telefone quando os colaboradores ligavam com perguntas. Quando estava no escritório, Jonathan era desorganizado, volátil e imprevisível. Ele perdia a cabeça sem motivo aparente, cancelava compromissos ou faltava a eles, redefinia projetos e tarefas já atribuídas sem consultar quem estava realizando aquele trabalho e, muitas vezes, se recusava a tomar decisões até mesmo sobre os assuntos mais mundanos (como encomendar toner para a copiadora).

Jonathan tinha seus favoritos, promovendo uma pessoa e aniquilando as ambições dos outros. Nunca era seguro estar nas boas graças de Jonathan, porque seus humores mudavam mais rápido que os caprichos de uma criança. Sem aviso prévio, o favorito de ontem se tornava o bode expiatório de hoje. A maioria das pessoas que Jonathan promovia, ele logo demitia. O gestor fazia isso para evitar que a pessoa se mostrasse melhor que ele. No fim, não funcionou porque todos no escritório perceberam o jogo de Jonathan. Felizmente, a alta gerência também percebeu, e ele foi demitido. (Ao ouvirem a notícia, os colaboradores fizeram uma festa.)

A nova gerente, Joanne, começou seu primeiro dia de trabalho reunindo-se com todos. Ela pediu ao grupo que falasse sobre o que funcionava e o que não funcionava, a partir de uma perspectiva do processo. Disse de modo categórico que não queria ouvir nomes e histórias pessoais. Isso liberou os colaboradores para se concentrarem no fluxo de trabalho, tarefas, objetivos, prioridades e outras questões relacionadas à produtividade e não à personalidade. Durante os dois dias seguintes,

Joanne conversou em particular com cada colaborador, permitindo que expressassem o que estavam sentindo. Na sexta-feira de sua primeira semana, Joanne convocou outra reunião de departamento.

Ela compartilhou seu plano de melhoria com o grupo, falando sobre o que parecia funcionar bem e o que não funcionava. Ela deu a todos alguns dias para pensar e responder ao plano, e depois criou um plano de melhoria revisado que incorporou muitas sugestões dos colaboradores. Joanne continuou conversando com os colaboradores, tanto individualmente quanto em reuniões de grupo. Eles aprenderam que podiam confiar nela e passaram a gostar dela e a respeitá-la. Dentro de seis meses, o departamento estava tão à frente de seus objetivos que foi necessário rever o plano mais uma vez.

## Limpando a bagunça de outra pessoa

Limpar a bagunça de um gestor ruim está entre os desafios mais difíceis que você pode enfrentar em seu novo papel. A menos que lide bem com a situação, você parecerá incompetente. Todos os gerentes, bons e maus, têm seguidores leais. Suponha sempre que isso seja verdade. Não é necessário tratar esses colaboradores de modo diferente (e, na verdade, é melhor que você não o faça), mas é vital saber quem são, porque sua primeira missão é fazer com que todos se unam a você, e os leais ao gerente anterior serão os mais resistentes. Siga estes passos básicos:

- Expresse metas e objetivos claros e concisos. Explique por que são importantes para cada colaborador, para o departamento e para a empresa.
- Peça a cada colaborador comentários e ideias. Responda a expressões negativas sem julgar ou tentar refutá-las. "Sim, esse é um ponto interessante. Voltaremos a ele."
- Responda de modo direto, mas sem confronto, aos esforços para minar sua autoridade e o processo. Se um colaborador

persistir, peça silenciosa e calmamente que ele se encontre com você em seu escritório após a reunião para discutir aquelas preocupações.

- Continue a coletar informações e sugestões de cada colaborador. Reúna-se com eles de modo individual e em pequenos grupos de trabalho, bem como com todo o departamento.
- Ouça o que as pessoas estão dizendo e também o que elas não estão dizendo. Questione, sem confronto, o que não faz sentido para você ou parece fora de contexto.
- Integre as sugestões dos colaboradores aos planos de melhoria. Se você não puder usar uma sugestão diretamente, use-a indiretamente e dê ao(s) colaborador(es) o impulso para a mudança necessária.
- Seja consistente. Se você mudar de direção, tenha uma boa razão e apresente-a a seus colaboradores.

É fácil transformar o gerente anterior em vilão, independentemente de ele ter sido ou não. A natureza humana nos faz querer aparentar que somos muito bons; às vezes, essa tendência (enraizada na insegurança) nos leva ao engano. Talvez você fique tentado a pensar que, ao fazer alguém parecer mau, você pode, ao menos, parecer bom – se não, perfeito. Resista! Embora essas percepções extremas sejam comuns em tempos de transição, uma hora o nevoeiro se dissipa e o equilíbrio retorna ao julgamento. Quando isso acontecer, você estará em uma posição muito mais forte se seus atributos se basearem em seus próprios méritos. Por outro lado, transformar o gerente anterior em vilão pode ser um tiro pela culatra, transformando-o em um mártir. Também é da natureza humana colocar uma auréola de santo na cabeça do gestor predecessor. As pessoas esquecem como as coisas eram ruins e começam a se lembrar dos bons velhos tempos (por mais escassos que fossem). Antes que perceba, você se torna o cara mau.

# SUBSTITUINDO UM GERENTE "BOM"

O que acontece quando o gestor antes de você era quase sobre--humano? É uma herança bem pesada. Vir depois de um ótimo gerente pode ser um desafio tão grande quanto substituir um mau gerente. Como sempre, uma boa comunicação é essencial. A seguir, alguns pontos-chave a serem levados em conta:

- Ouça os colaboradores para saber o que os preocupa e fale com eles para que saibam o que preocupa você.
- Enfrente os fantasmas de frente. Pergunte aos membros da sua equipe do que eles gostavam na abordagem do gerente anterior e o que eles mudariam se estivessem em seu lugar.
- Concentre-se em processos, procedimentos e políticas. Quer os colaboradores gostem ou não de você, essa é a base do local de trabalho.
- Abstenha-se de apresentar seus pontos de vista para mudar o mundo na primeira reunião. Guarde sua perspectiva para as reuniões subsequentes, quando você pode temperar seus comentários com a compreensão que adquiriu ao ouvir as preocupações e opiniões dos colaboradores.
- Não faça comentários sobre o estilo de gestão do gerente anterior. Permaneça neutro e apoie os objetivos da empresa. Qualquer que seja seu papel, você é, acima de tudo, o rosto da empresa.

Assim como acontece com o gerente ruim, o fato de um gerente ser bom é algo muito pessoal. A mudança não significa o fim de algo bom; ela pode significar um tipo diferente de bom. Qualquer bom gestor pode (e deve) adotar uma política de portas abertas, na qual os colaboradores se sintam confortáveis em procurá-lo, com uma troca ampla de ideias e procedimentos que apoiem a produtividade e a felicidade do grupo de trabalho.

# RECONSTRUINDO UM GRUPO DE TRABALHO

Criando uma nova equipe

Às vezes, um gestor entra em uma equipe ou um departamento já existente em que não é necessário mudar nada. Os colaboradores são experientes e têm muito conhecimento, então passar o bastão de gerente é um processo tranquilo. Entretanto, quando o gestor anterior foi demitido, é bem provável que o gerente iniciante precise enfrentar problemas de produtividade. Talvez outros colaboradores também tenham sido demitidos ou transferidos, deixando alguns cargos vagos. Se você, gestor, está nesse tipo de situação, sua missão é reconstruir.

## Se você não for claro, perderá a confiança

É importante garantir que cada pessoa entenda seu papel e suas responsabilidades, assim como as dos outros colaboradores. E é essencial articular e apoiar com clareza os novos objetivos e procedimentos. Ambiguidade gera desconfiança, e não é disso que você precisa para ter sucesso como gerente.

Várias circunstâncias podem ocasionar a necessidade de reconstruir uma equipe. Talvez tenha surgido um novo mercado, o que faz com que a empresa precise reformular suas linhas de produtos e serviços, a fim de atender às mudanças nas demandas dos clientes. Em tal cenário, seu trabalho como gerente é identificar os principais pontos fortes e as habilidades que os seus colaboradores oferecem, e procurar maneiras de encaixá-los na nova estrutura. Você precisará motivá-los a sentir que são contribuintes valiosos na nova ordem.

Talvez sua empresa tenha se reorganizado por causa de uma mudança nos donos ou para consolidar as operações (cortes de gastos). É provável que os colaboradores que permaneceram estejam desconfiados e relutantes em apoiar (ou mesmo parecer apoiar) as novas regras corporativas. É um terreno fértil para ressentimento, desconfiança, raiva e medo. No entanto, você não vai dar espaço para essa negatividade toda, pois vê a situação como uma grande oportunidade. Incorpore suas figuras de pai, coach e líder de torcida – você precisa mobilizá-las. Primeiro, porém, permita-se algum luto. Embora a tendência das pessoas seja focar os profissionais que perderam o emprego, os colaboradores que permanecem também sofreram traumas. Às vezes, é mais angustiante estar entre os sobreviventes do que entre aqueles que recebem um aviso de demissão.

As pessoas precisam de tempo para assimilar e se ajustar. Um bom gestor reconhece esses sentimentos e depois ajuda os colaboradores a se concentrar no futuro, incentivando uma perspectiva positiva. Afinal de contas, seu papel principal ainda é criar uma equipe coesa e produtiva. Isso implica em comunicar-se tanto com o grupo como um todo quanto com os membros dele para fazer o seguinte:

- Esclarecer os objetivos.
- Identificar papéis e responsabilidades.
- Estabelecer procedimentos para o trabalho em conjunto.
- Obter aceitação e apoio dos colaboradores.

Quanto mais cedo você definir um caminho claro, mais cedo os membros da sua equipe poderão prosseguir com o trabalho. As pessoas se recuperam mais rápido quando existe um plano que as ajuda a avançar, em direção a novas responsabilidades e habilidades ampliadas. Você, o gerente desses colaboradores, é quem pode – e deve – liderá-los.

# SURFANDO AS ONDAS DA MUDANÇA

A turbulenta década de 1980 deu origem ao uso de uma expressão inspirada em *A tempestade*, de Shakespeare,[6] para descrever a magnitude da agitação no mundo dos negócios: "mudança das marés". O novo ambiente era drasticamente diferente do anterior, assim como os novos caminhos. Tais convulsões no mercado são como erupções vulcânicas: elas explodem, soterrando as estruturas existentes, e constroem novas, muitas vezes ao mesmo tempo. Em um minuto, há uma montanha e, no outro, uma cratera fumegante. No entanto, as catástrofes sísmicas criam novas colinas, novos vales, rios e lagos, um ambiente pronto para substituir o antigo. No mundo dos negócios, tais erupções tomam a forma de fusões e aquisições. Um dia há um conglomerado gigante que domina o cenário corporativo e, no dia seguinte, há várias pequenas empresas espalhadas por toda parte.

As coisas mudam. É tanto uma realidade de sua carreira quanto da natureza. As empresas mudam, as pessoas mudam, precisam mudar. O trabalhador estadunidense típico pode ter até sete carreiras durante sua vida profissional e três ou quatro vezes mais empregos do que isso – uma mudança significativa dentro de apenas uma geração. No mercado, como na natureza, a mudança resulta em um crescimento muitas vezes inesperado. Aqueles que prosperam são os que conseguem se adaptar às novas necessidades e exigências, e que sabem responder a situações desafiadoras ou difíceis com atitudes e ações positivas.

Isso é especialmente verdadeiro – e significativo – para os gerentes. Você deve manter-se atualizado não só sobre as mudanças em sua área de especialização como também sobre as leis e os regulamentos que afetam seu local de trabalho, mudanças nas práticas comerciais e avanços tecnológicos. Sua empresa pode mudar de dono. Os principais colaboradores podem sair. Você não tem influência sobre esses acontecimentos, portanto deve se manter preparado para se adaptar a eles.

---

6 SHAKESPEARE, W. **A tempestade**. Porto Alegre: L&PM Pocket, 2002.

# PROMOVER E CONTRATAR

Encontrando as pessoas certas

Contratar e promover pessoas são funções essenciais dentro de qualquer organização. Ambas podem beneficiar a todos – quando você lida com elas de maneira adequada. No entanto, as opções de emprego e promoção podem custar à empresa muito mais do que dinheiro. Estudos sugerem que contratar e promover internamente é melhor do que trazer candidatos de fora. Mesmo assim, a probabilidade de as empresas olharem para além de seus colaboradores atuais quando novas vagas são abertas é o dobro. Algumas vezes, é claro, buscar um profissional fora é a única maneira de adquirir novos talentos de que a organização precisa. Então como encontrar as melhores pessoas para o trabalho?

## O COMEÇO CERTO

O processo de contratação varia muito. Pequenas empresas, em especial as familiares em pequenas cidades, ainda fazem negócios com base em uma promessa e um aperto de mão. Outras têm procedimentos e papelada extensos. Embora os futuros colaboradores costumem acreditar que existem leis e regulamentos que regem o processo de contratação, as diretrizes legais são amplas e visam a grandes questões, como discriminação e igualdade de oportunidades. Não há leis que dizem que você deva contratar o candidato mais qualificado para o cargo. A maioria das leis trabalhistas nos Estados Unidos, por exemplo, tenta definir as maneiras pelas quais uma empresa ou um gerente do setor privado pode:

- Estabelecer os requisitos do trabalho (mas não o que eles são);
- Entrevistar candidatos;

- Disponibilizar oportunidades de emprego;
- Tratar o colaborador com respeito, atentando para carga horária e condições de trabalho, segurança no local de trabalho e alguns outros fatores;
- Rescindir o contrato (em alguns estados).

As leis também exigem que as empresas sigam certos critérios de tratamento dos colaboradores e podem regulamentar questões como benefícios e horas de trabalho. Dependendo do setor, do tamanho da empresa e da quantidade de burocracia, esses requisitos podem ser mais ou menos flexíveis.[7]

## Escreva descrições claras para os cargos

Em um mundo ideal, uma descrição por escrito das funções define as expectativas básicas que você e sua empresa têm em relação ao desempenho dos colaboradores. Essa mensagem é transmitida de maneira consistente em anúncios, entrevistas e avaliações de desempenho. O quanto a realidade corresponde ao ideal varia muito; muitas pequenas empresas nem mesmo têm descrições de cargos porque os colaboradores desempenham muitas tarefas que são essenciais para manter o negócio funcionando.

Além das leis, há políticas corporativas – diretrizes internas que dizem aos gerentes o que eles podem e não podem fazer quando se trata de contratar, avaliar, promover e demitir colaboradores. É sempre importante começar consultando seu departamento de RH para ter certeza de que você está agindo de maneira responsável, dentro da lei, e que está cumprindo as políticas internas. As principais questões a serem abordadas incluem:

---

[7] A legislação brasileira, por sua vez, estabelece linhas gerais a fim de evitar a prática de atos discriminatórios e o estabelecimento da chamada responsabilidade pré-contratual. É expressamente proibida a exigência de antecedentes criminais, exames de gravidez, infecções sexualmente transmissíveis (ISTs) e drogadição, exceto quando a lei permitir, como ocorre com condutores de trânsito.

- Você deve entrevistar e considerar os candidatos internos antes de procurar candidatos externos?
- Se os candidatos internos atenderem aos requisitos básicos do cargo, você deve contratá-los?
- Os acordos sindicais estipulam procedimentos para considerar colaboradores potenciais?
- Os requisitos são diferentes para contratação de profissionais para cargos vagos e recém-criados?
- Os requisitos diferem de acordo com a classificação do cargo (carga horária, salário, se elegível para fazer hora extra ou não, permanente, temporário)?
- Como fatores como raça e gênero podem (ou devem) afetar seu processo de seleção?
- Você pode decidir contratar alguém com menos experiência ou qualificações porque essa pessoa demonstra vontade e aptidão para aprender, ou deve escolher o candidato com as habilidades reais mais fortes?
- Você pode passar por todo o processo de entrevista e decidir que, em vez de contratar qualquer um dos candidatos, quer anunciar o cargo novamente?

As regras para empregos no setor privado são diferentes das do setor público (governo), das dos empregos cobertos por acordos sindicais e acordos coletivos de trabalho e das de outros cenários. Em tais ambientes regulamentados, detalhes rigorosos podem regimentar todo o processo de contratação ou promoção, fazendo com que você não tenha qualquer influência nele.

## A DESCRIÇÃO DO CARGO

Os gerentes discutem as atribuições do cargo quando entrevistam os candidatos à vaga, portanto os futuros colaboradores já saberão quais serão as suas responsabilidades se ou quando forem contratados. As especificações de um emprego devem ser razoáveis e realistas, mas também permitir que haja certa expansão à medida que as circunstâncias mudam dentro de sua empresa e da indústria. Os avanços na tecnologia podem aumentar as expectativas; é importante comunicar, mesmo na entrevista de emprego, que os colaboradores precisam ficar à frente da curva. Quando escrita de modo correto, a descrição do cargo é a base para os padrões mensuráveis do trabalho. Quanto melhor você estabelecer isso durante a entrevista, maior clareza os novos colaboradores terão sobre suas expectativas (e as da empresa).

Todas as descrições de cargo devem ser claras e detalhadas, mesmo que o desempenho daquela função seja difícil de mensurar. Às vezes, é preciso dar um passo atrás para olhar além das tarefas aparentes do cargo a fim de avaliar quais fatores o colaborador consegue controlar. Não é justo nem sensato responsabilizar as pessoas por ações e resultados além de sua influência.

Dentro dos fatores que os colaboradores podem controlar, identifique e descreva comportamentos específicos. Por exemplo, em vez de escrever de modo geral "follow-up", identifique a tarefa: "Envie mensagens de agradecimento aos clientes após a conclusão dos projetos". Essa distinção deixa clara a ação que você espera do colaborador e que você medirá.

## Quando possível, recrute de dentro

Muitos gestores negligenciam os candidatos mais qualificados: os colaboradores atuais. Mesmo quando as empresas costumam abrir vagas internamente antes de fazer o recrutamento externo, os gerentes podem achar que é preciso olhar para fora da empresa. Tirar um colaborador de outro cargo deixa o gestor desse departamento à procura de um substituto. No entanto, os colaboradores atuais conhecem a empresa e muitas vezes têm habilidades e interesses surpreendentes que não utilizam em seus cargos atuais.

Ironicamente, muitos gerentes participam pouco ou nada da elaboração de descrições para cargos em seus departamentos. Em muitas empresas, a redação de descrições de cargos, e até mesmo os processos de entrevista e contratação, são de responsabilidade do RH. Isso costuma acontecer em empresas que operam sob acordos coletivos. Não custa, no entanto, oferecer suas sugestões.

# ENTREVISTANDO CANDIDATOS

Eles conseguem fazer o trabalho?

Candidatar-se a uma vaga e enviar um currículo tem um único objetivo: conseguir uma entrevista. Fazer uma oferta de emprego a alguém somente com base no seu currículo é pedir para ter problemas. Você quer conhecer a pessoa e ter a oportunidade de perguntar sobre suas qualificações. Muitos candidatos, em especial aqueles para empregos técnicos ou organizacionais, têm um passado e experiências que tornam a conversa interessante. Também não há nada como o "fator olho no olho" para ajudá-lo a avaliar se a pessoa vai se encaixar bem no grupo de trabalho que você supervisiona.

## Mentiras no local de trabalho

De acordo com o *Wall Street Journal*, um terço dos candidatos a empregos mente sobre sua experiência, educação ou histórico profissional em candidaturas ou currículos. Com alarmante frequência, a mídia noticia histórias de pessoas que foram "pegas" nas mentiras de seus currículos, desde executivos de alto nível até professores universitários e cientistas pesquisadores.

A intuição às vezes é um barômetro defeituoso. A triste verdade é que a maioria das pessoas mente no currículo e em sua candidatura. Elas podem inflar sua experiência e qualificações ou deixar de fora detalhes menos favoráveis. Há casos em que essas "mentirinhas" têm intenções honrosas, como alguém que afirma ter nível superior enquanto ainda completa os últimos créditos na faculdade. Algumas pessoas falsificam datas de emprego para cobrir períodos prolongados de desemprego, mesmo quando esses períodos ocorreram por razões que não prejudicariam suas chances futuras.

Especialistas exortam as empresas a verificar de modo minucioso as referências, a fim de garantir que, pelo menos, as informações sejam verdadeiras. Muitas organizações – e a sua pode estar entre elas – ficam relutantes em fazer mais do que confirmar datas de emprego e títulos de cargos, mas a maioria checa pelo menos isso, pois tais dados são puramente factuais. Discrepâncias nessas informações indicam que a pessoa cometeu um erro significativo ou mentiu deliberadamente. Tais ações são motivos para rescisão imediata caso a pessoa tenha sido contratada. Quando a mentira é significativa, é difícil não ser percebida, pois a incapacidade da pessoa de executar as tarefas não demorará a se tornar aparente.

# O BÁSICO DAS ENTREVISTAS

A entrevista de emprego é uma via de mão dupla. Assim como você está tentando determinar se essa pessoa é uma boa opção para o cargo, o entrevistado também está avaliando esses mesmos fatores. Apesar de o pêndulo oscilar ao longo da disponibilidade do emprego, é tão improvável você oferecer o emprego sem fazer perguntas quanto um candidato aceitar a oferta sem também questionar algumas coisas.

## O candidato perfeito

O candidato perfeito para a vaga em seu departamento é alguém de outro departamento cujo cargo seria difícil substituir? Discuta medidas de transição com o outro gerente. Às vezes, não considerar alguém para uma nova função porque ele é muito bom em sua função atual é o suficiente para fazer com que ele busque oportunidades em outro lugar. É melhor ao menos manter esse talento dentro de sua empresa.

A abordagem mais eficaz é estruturar a entrevista como um diálogo no qual você faz algumas perguntas sobre a experiência ou instrução do candidato, depois deixa que ele faça algumas perguntas sobre o emprego e o ambiente de trabalho. Os futuros colaboradores querem saber como você pretende aplicar as habilidades deles; eles também estarão curiosos sobre os outros colaboradores do departamento e que tipos de relação de trabalho podem esperar.

Algumas pessoas se preocupam mais com fatores como se podem colocar fotos da família em sua mesa, enquanto outras querem saber como você, sendo gestor, distingue as contribuições dos vários colaboradores que trabalharam em um mesmo projeto. Quando o candidato chega até você para uma entrevista, é provável que ele já tenha passado por uma preliminar com o RH. Você pode também optar por oferecer um tour pelo departamento ou ambiente de trabalho, ou apresentar ao candidato alguns de seus principais colaboradores.

## Encontrando o par correto

A maioria dos empregos tem na verdade dois tipos de requisito: os relacionados a especialização e experiência, e os relacionados a personalidade e estilo de trabalho. Os requisitos do primeiro tipo costumam ser bastante claros e fáceis de estabelecer - em especial, em cargos cujas tarefas são altamente estruturadas ou até mesmo rotineiras. Se você precisar contratar alguém para operar uma prensa de punção no departamento de produção, é fácil determinar se um candidato tem o conhecimento e a habilidade necessários. Como o trabalho em si é bastante estruturado, a personalidade e o estilo da pessoa não interferem tanto no desempenho dela. Se você está contratando para uma vaga no departamento de vendas, a situação é muito mais subjetiva. Como o trabalho envolve a formação de relacionamentos (por mais curtos que sejam), o estilo de trabalho e a personalidade são fatores significativos.

## Um exemplo de entrevista

Há mais de uma maneira de conduzir uma entrevista eficaz. Como Michael, você pode usar várias abordagens.

Michael gerenciava o departamento de marketing de uma empresa de software. Sua equipe passava muito tempo junta, e a produtividade dependia de um trabalho colaborativo. Era crucial que os novos colaboradores tivessem tanto as habilidades técnicas apropriadas como o "encaixe" certo com o resto do grupo. Havia pouco espaço para egos frágeis ou atitudes arrogantes, e Michael farejava qualquer uma das duas coisas desde o hall de entrada. Seu departamento precisava de pessoas que fossem talentosas, mas genuinamente humildes. Eles passavam grande parte do tempo em reuniões ou ao telefone com clientes e potenciais clientes. Tinham que gostar de pessoas e ser bons ouvintes.

O departamento de RH da empresa selecionava os currículos e realizava entrevistas preliminares, depois encaminhava para Michael os candidatos que preenchiam as qualificações técnicas do cargo e os requisitos básicos da empresa. Um "teste" que Michael incorporou nas entrevistas de emprego era o de falar sem parar sobre um assunto em particular para ver qual atitude o candidato adotaria. Isso lhe dava uma ideia de como a pessoa poderia reagir a um cliente que fizesse a mesma coisa. Um candidato que mantivesse contato visual, acenasse com a cabeça e sorrisse, aparentando continuar interessado mesmo quando Michael começava a entediar a si mesmo ganhava um convite para visitar o departamento e conhecer o grupo. Um outro que checasse o relógio, se mexesse na cadeira, interrompesse ou ficasse com olhos vidrados provavelmente não chegaria à próxima rodada.

Também era importante para Michael que as pessoas que ele contratava tivessem interesses diversos. Seu departamento apoiava uma ampla gama de clientes e projetos. Assim, ele também conversava com os candidatos sobre atualidades. Ele abordava tópicos de interesse para a comunidade local para ver se um candidato conseguia pegar os fios e tecê-los em uma conversa. E fazia perguntas relacionadas ao trabalho e mais gerais, apenas para ver como se sentia enquanto ele e o candidato conversavam. Nesse ponto, a intuição guiava muitas das reações de Michael. Aquela era uma pessoa com quem ele gostaria de passar algum tempo ali? Era alguém de quem ele queria ser mentor ou professor? Era alguém que se daria bem com os atuais colaboradores e clientes do departamento?

O último passo no processo de contratação que Michael adotava era fazer com que o candidato se encontrasse com vários de seus colaboradores. Em geral, o gestor agendava uma reunião formal na qual de três a cinco colaboradores sentavam-se com o candidato para descrever o trabalho deles e lhe fazer perguntas. Michael também tentava ter vários contatos informais para obter também a "primeira impressão" dos colaboradores.

Antes de tomar uma decisão, ele revisava todos os fatores e os comparava com o que sabia que eram suas preferências pessoais. Uma dessas preferências era a atitude. Michael achava que, na maioria das vezes, era melhor contratar alguém ávido e cooperativo, mas com um pouco menos de experiência, do que alguém cuja experiência era enorme, mas que tinha uma atitude arrogante. Quando Michael ficava satisfeito com a perspectiva equilibrada e quantificável que havia alcançado, consultava o RH uma última vez e depois decidia.

Há aspectos da abordagem adotada por Michael que parecem arbitrários. Eles consideram o intangível, como a habilidade dele para selecionar candidatos que, segundo sua experiência o diz, são boas escolhas. Essas são, notadamente, camadas inerentes a um julgamento subjetivo. No entanto, se você observar, verá que a abordagem dele também possui determinada consistência, que segue o mesmo padrão utilizado para as perguntas realizadas em cada entrevista.

# A ENTREVISTA DO COMEÇO AO FIM

Contratando o melhor candidato

Entrevistar é uma arte. Você não vai se sobressair nela de imediato, mas pode se tornar bastante habilidoso à medida que ganha experiência. Há muitos livros e várias oficinas sobre o assunto; se o seu trabalho envolve realizar mais de uma ou duas entrevistas por ano, invista em algum treinamento na área. No mínimo, almoce com um especialista ou gerente de RH e peça dicas e sugestões. Em geral, em uma entrevista, você deve realizar os passos a seguir.

- Descrever as atividades da função. Explicar como é um dia típico em seu departamento e quais sucessos e desafios os colaboradores enfrentam.
- Descrever o ambiente de trabalho. É colaborativo ou independente? As pessoas recebem reconhecimento individual ou o grupo afunda e nada junto? Há muitas horas extras, e qual é a remuneração, se houver, para essas horas extras?
- Fazer algumas perguntas que requerem respostas simples e factuais sobre as informações que estão no currículo ou na candidatura. Fique atento à hesitação do candidato em responder algumas questões ou a respostas que não correspondam ao que está no papel.
- Pedir ao candidato exemplos que demonstrem suas habilidades e competências em determinadas áreas. Se a construção de relacionamentos com potenciais clientes é importante para o trabalho, peça ao candidato que descreva duas ou três experiências similares que se relacionem com o pedido para aquele cargo.
- Pressionar para obter detalhes. Se um candidato disser: "Eu gosto desse tipo de ambiente", pergunte como ele é semelhante ou diferente dos ambientes de trabalho que o candidato

experimentou no passado. Se ele disser que fez "algo parecido", obtenha detalhes. Como, exatamente, a experiência anterior do candidato era "parecida" com as exigências do cargo oferecido?

- Ouvir as declarações pomposas ou que não fazem sentido. Em caso de dúvida, pergunte. Mais uma vez, pressione para obter detalhes e peça exemplos. Explicações confusas e contradições devem levantar a bandeira vermelha sobre o candidato.

Mantenha seus comentários neutros e seus pensamentos para si. A menos que você não tenha dúvida de que essa é a pessoa que você pretende contratar, não dê essa impressão. Da mesma maneira, não insinue que você também não vai contratá-la. Nenhum acordo é um acordo fechado até que o candidato contratado apareça para trabalhar. Vale a pena se manter aberto e positivo com os candidatos que ficam em segundo ou terceiro lugar. Talvez você possa aproveitá-los quando outros cargos estiverem disponíveis ou se sua primeira escolha for cancelada por qualquer motivo. Alguns especialistas em RH estimam que até um terço das novas contratações não permanece no novo emprego.

# MANTENDO O EQUILÍBRIO

O desafio para todos os gerentes é equilibrar o livro e a história. O livro – estatutos, regulamentos, políticas – segue uma estrutura rigorosa. A história – personalidades, estilos de trabalho, potencial – existe dentro do livro e, ao mesmo tempo, se estende para além dele. Embora seja crucial que você siga as regras (legislações e políticas da empresa), também é essencial tomar decisões que sejam compatíveis com a história de seu departamento (suas necessidades). Tem que haver um meio-termo entre encontrar a melhor pessoa para cuidar dos interesses da empresa e a que melhor se ajuste ao grupo.

Isso não quer dizer que você só deva contratar pessoas de seu agrado ou que seus colaboradores devam aprovar novos membros para a equipe. Nem todos os empregos exigem interação estreita entre os colaboradores. Julgue de modo racional. É mais importante para um programador de computador saber tudo sobre a rede e os programas da empresa do que saber discutir o ambiente político no Oriente Médio. Pode até mesmo ser aceitável que essa pessoa seja um pouco antissocial – computadores não conversam –, desde que tenha as habilidades técnicas necessárias e não seja tóxica para os outros. Talvez você não queira ir tomar café com esse colaborador, mas ele contribuirá de modo positivo em seu departamento ou sua empresa.

# NÃO ARRISQUE

Há muitos assuntos que você não deve abordar em uma entrevista. Entre os mais óbvios estão idade e religião. Também estão no topo da lista naturalidade, estado civil, filhos, orientação sexual ou qualquer coisa que dê abertura para que você (de modo intencional ou não) faça um julgamento baseado em classe social, histórico, estilo de vida ou outros fatores não relacionados às exigências do cargo. Certifique-se de discutir todos esses fatores com o RH da empresa e compreender todas as suas obrigações legais. Caso contrário, pode haver sérias consequências para você, bem como para sua empresa.

Se o processo de emprego fosse realmente tão simples quanto seguir todas as leis e regras, não haveria necessidade de advogados trabalhistas. No entanto, a legislação trabalhista é um campo em expansão, o que significa que as leis e as regulamentações não abarcam tudo. Empregos exigem mais do que um conjunto de habilidades. O foco são as pessoas que os preenchem, não importa o quanto as empresas queiram diminuir esse fator.

# CONCLUSÃO DA ENTREVISTA

Quando chegar a hora de concluir a entrevista de emprego, informe o candidato sobre o que esperar – quando ele poderá ter notícias suas, seu cronograma para preencher a vaga e se deve haver outra rodada de entrevistas. Alguns gerentes gostam de perguntar à pessoa se ela quer comentar algo ou se tem alguma dúvida. Embora você possa estar pronto para fazer a oferta de emprego ou recusar o candidato ao término da entrevista, é mais sábio avaliar todos os candidatos uma última vez antes de tomar qualquer decisão. Além disso, é bem difícil dizer: "Obrigado, mas não vai rolar" pessoalmente para alguém que espera conseguir o emprego.

# CHECAGEM DE REFERÊNCIAS

Não importa quanto um candidato pareça bom no papel e em uma entrevista, um passo final importante no processo de contratação é a checagem de referências. Muitas organizações adotam formulários de autorização que os futuros colaboradores assinam, a fim de dar permissão às empresas que contatem as referências informadas. A maioria delas, em especial ex-empregadores, não confirmarão sequer se aquelas pessoas trabalharam lá sem o tal formulário assinado. Ao contatar as referências, concentre-se na verificação dos fatos que o candidato informou na candidatura à vaga ou no currículo. Peça detalhes: "Quando Stacy trabalhou para você, e que cargos ela ocupou?".

Questione as discrepâncias com cuidado; ir por esse caminho só vale a pena quando o candidato está no topo de sua lista. Fique atento a respostas ensaiadas. Às vezes, você aprende mais com o que as pessoas não lhe dizem. Assim como na entrevista com o candidato, abstenha-se de fazer perguntas pessoais ou sobre o estilo de vida, tais como aquelas sobre o estado civil, saúde ou filhos. Essas informações não só não são da sua conta como também é contra a lei considerar tais fatores para contratações e promoções.

# FECHANDO NEGÓCIO COM O NOVO COLABORADOR

Você fez sua escolha, e agora é hora de fechar o negócio. A maioria dos gerentes primeiro telefona para a pessoa para fazer a oferta de trabalho e, depois, envia um e-mail para confirmar. Você está entusiasmado e feliz em receber um profissional a bordo, então demonstre! Embora em algumas situações a oferta de emprego seja uma negociação, na maioria das vezes o candidato conhece as condições. No entanto, você deve explicá-las em sua conversa telefônica.

Algumas pessoas, especialmente aquelas que trabalham em áreas técnicas ou muito competitivas, podem ter se candidatado a vários empregos e estar considerando múltiplas ofertas. Ou talvez queiram refletir sobre se devem aceitar a oferta e trabalhar para você e sua empresa. Ofereça um tempo para a pessoa considerar a oferta – quarenta e oito horas é razoável. Ligue de volta após esse período. Se a pessoa aceitar, envie uma confirmação por e-mail (é uma boa ideia mandar com aviso de recebimento).

E se o candidato escolhido declinar a oferta? Agradeça pelo tempo dele, desligue o telefone e passe para sua segunda escolha. Após uma entrevista, as pessoas podem mudar de ideia ou perder o interesse na vaga por inúmeras razões. Algumas entrarão em contato com você para sair da disputa, embora a maioria espere para ver se você vai lhe oferecer o emprego. Nas ocasiões em que o candidato parecia muito entusiasmado durante a entrevista, você pode perguntar o motivo de ter mudado de ideia. Talvez você descubra fatores que não considerou ou que o candidato tenha interpretado errado. Pode ser a sua chance de encorajar aquela pessoa a reconsiderar a decisão dela se você achar que ela é altamente qualificada e ideal para o cargo.

# DEMISSÕES

Lidando com os tempos difíceis

As coisas mudam: a liderança ou os donos da empresa, participação no mercado, tecnologia, regulamentos que afetam determinados setores, pessoas. Como resultado, departamentos e até mesmo organizações inteiras se consolidam, combinando recursos na tentativa de obter mais com menos. Tais mudanças, muitas vezes, afetam todos os colaboradores, sem que seja culpa deles. Em alguns casos, as pessoas instigam a mudança porque tiveram um mau desempenho ou devido a questões disciplinares que a empresa só pode resolver rompendo os laços. Em outros, contratar ou promover alguém foi um erro. Em quase todos os cenários de mudança, os gestores assumem o fardo de usar o machado e limpá-lo depois.

## QUANDO VOCÊ É O PORTADOR DE MÁS NOTÍCIAS

Embora seja difícil ser o portador de más notícias, demitir colaboradores não tem que ser um pesadelo que você reviva repetidas vezes. Haverá desafios e também consequências reverberantes de demissões e redução de pessoal, mas você só provará suas habilidades como gerente se lidar com a situação com graciosidade. Por exemplo, vamos considerar as atitudes de Rosalyn.

Rosalyn soube em setembro que sua empresa reduziria sua força de trabalho em 30% em fevereiro. Como gerente, Rosalyn precisou avaliar seu pessoal para determinar como as habilidades e os pontos fortes de cada colaborador se encaixariam dentro da nova estrutura. Essas avaliações determinariam quem ficaria e quem seria dispensado. Saber da mudança com tanta antecedência também deu a Rosalyn tempo para pensar nas decisões que precisaria tomar e lidar com aquela situação negativa do melhor modo possível.

Quando enfim chegou o dia em que Rosalyn realizou as dispensas, as pessoas ficaram compreensivelmente chateadas – mesmo aquelas que não perderam o emprego. A gestora conversou em particular com cada colaborador a ser demitido, explicando que era uma decisão financeira, não tendo nada a ver com o desempenho daquele profissional. Mesmo assim, os colaboradores, tanto sobreviventes como demitidos, sentiram que a empresa e Rosalyn, sua gerente, os haviam traído.

Após a saída dos profissionais demitidos, Rosalyn convocou uma reunião com os sobreviventes. Ela explicou que compreendia e aceitava o que eles pensavam sobre a situação, mas queria ter a oportunidade de explicar suas atitudes. Disse aos membros da equipe que lamentava muito ver cada um dos demitidos sair da empresa, mas era preciso fazer cortes para a própria empresa sobreviver.

Então Rosalyn apresentou alguns gráficos e relatórios e começou a falar sobre a situação econômica da organização. Ela mostrou aos colaboradores quanto a empresa tinha que produzir apenas para cobrir os custos operacionais e obter um lucro mínimo. Todos ficaram surpresos com o que era necessário para manter a empresa funcionando. A reunião lhes deu uma maior compreensão dos desafios que a organização enfrentava e também os fez valorizar o cuidado que a empresa teve ao conduzir a redução de pessoal.

Outra consequência dessa redução de pessoal foi a necessidade de reestruturação. Vários outros departamentos que também haviam demitido colaboradores estavam se juntando, o que significava que o de Rosalyn ganharia colaboradores e funções de outros setores da empresa. Rosalyn explicou como esses profissionais se encaixariam na equipe e permitiu que seus colaboradores ajudassem a decidir como reorganizar o departamento para acomodá-los. A gestora concluiu a reunião agradecendo ao grupo pelo bom trabalho realizado e expressando sua confiança de que o bom desempenho continuaria.

Rosalyn lidou com um cenário ruim com graça e honestidade. Todos conseguiram ver que, embora a situação estivesse fora do controle da gestora, Rosalyn tomou decisões de acordo com as necessidades de mudança da empresa e com as habilidades dos colaboradores de seu departamento. Embora todos estivessem zangados com a situação, não podiam culpar Rosalyn pela maneira como ela lidou com aquilo. Como gerente, sem dúvida, você enfrentará desafios muito desagradáveis. Ninguém gosta de destruir o mundo de outra pessoa. No entanto, todos são capazes de lidar com tal tarefa com profissionalismo e compaixão, como Rosalyn fez.

## CENÁRIO GERAL: REESTRUTURAÇÃO E REDUÇÃO

As empresas se reestruturam ou reduzem a produção para conservar recursos e cortar despesas e, em geral, fazem isso porque seu mercado está muito competitivo e não há mais nenhuma maneira de manter o lucro sem mudanças significativas. (Reestruturação quase sempre significa redução de tamanho de alguma maneira.) Algumas vezes, são medidas desesperadas, na tentativa de salvar a organização da falência ou do fechamento. Embora uma aquisição ou fusão costume beneficiar a ambas as empresas, os colaboradores pagam o preço. Alguns empregos *vão* desaparecer quando sua empresa ou mesmo apenas seu departamento se fundir com outro.

# Reestruturação e redução de tamanho

Como gerente, você tem que estar pronto para atender às exigências de reestruturação e redução de duas maneiras. Primeiro, precisa preparar seus colaboradores e apoiar a empresa, fazendo as mudanças funcionarem. Segundo, tem que proteger sua própria carreira.

Hoje em dia, reestruturação e redução são mais a regra do que a exceção no mundo dos negócios. As indústrias mudam com rapidez, a tecnologia também, e empresas de todas as áreas aprenderam que sobreviver significa ser ágil. As organizações devem atender às oportunidades e demandas, e os colaboradores, se preparar para sofrer abalos no caminho. Até mesmo setores robustos, como as companhias de seguro, estão mudando quase que da noite para o dia. Novas tendências de consumo significam novas expectativas para todos os tipos de produtos e serviços, desde computadores até seguros de vida.

## Abrir os canais de comunicação

Comunicação é algo fundamental em tempos difíceis. Na medida do possível (e somente quando a empresa estiver disponibilizando as informações aos colaboradores), os gerentes devem tentar informar aos colaboradores quais ações a organização está considerando e como essas ações podem afetá-los. Conforme um departamento reduzido ou reestruturado avança, é importante que o gestor seja sensível a fluxo de trabalho, conflitos de personalidade, confusão sobre quem faz o quê e problemas que possam vir a surgir.

É capaz de o grupo reestruturado enxergar o gestor um pouco como um padrasto ou uma madrasta que prefere seus colaboradores originais. Se você é esse gerente, pode ficar em uma saia justa. É provável que a equipe o acuse (ou, menos pessoalmente, acuse a empresa) de fazê-la trabalhar demais para aumentar os lucros. Às vezes, há uma pitada de verdade nesse argumento; em primeiro lugar, a organização nem teria reduzido de tamanho se conseguisse arcar com todos os seus recursos. Fazer mais com menos, seja com equipamentos ou pessoas, é tanto um desafio quanto um objetivo.

## Resguarde-se

Grandes mudanças na empresa o levarão, sem dúvida, a reconsiderar sua própria carreira. Embora você deva ser líder de torcida, mediador, pai e coach para seus colaboradores, talvez não acredite na nova direção da organização. Quando os departamentos são reestruturados, os gerentes às vezes estão entre os primeiros a ir embora, enquanto a empresa tenta reduzir os custos, retendo as pessoas que realmente fazem o trabalho. Você precisa estar pronto para mudar de posição dentro da empresa ou ir para outra. Essa é a realidade do mercado.

As companhias querem fidelidade, mas, ao mesmo tempo, esperam que todos nós aceitemos a mudança e estejamos prontos para mudar. Elas não estão lá para nos dar segurança por toda a vida. Você precisa manter suas habilidades profissionais atualizadas. Esteja a par do conhecimento e da tecnologia atuais, tanto em sua área como em geral. Esses são os fatores que o ajudarão a fazer uma mudança quando você precisar. Não há nada mais triste do que uma pessoa há vinte anos em uma empresa que não sabe nada além de como sobreviver nessa empresa.

# DEMITINDO UM COLABORADOR

Quando as coisas simplesmente não dão certo

Nenhum gerente gosta da perspectiva de demitir um colaborador. Demissão é a consequência mais séria de uma melhoria que não foi alcançada. Antes de decidir se deve mandar um colaborador embora, você precisa ter certeza em seu coração de que é a coisa certa a fazer. Depois, deve ter certeza de que cumpriu toda e qualquer lei, regulamentação e políticas relevantes da empresa e que toda a papelada está completamente em ordem. Há leis que regulam certas ações, como demissões, dependendo do estado. A maioria das empresas estabelece, ainda, políticas rígidas que exigem ampla documentação afirmando que você as seguiu. Trabalhe junto do RH, se sua empresa tiver um, a fim de se certificar de que você está agindo da maneira correta para seu próprio bem e do colaborador. Demitir alguém é uma decisão da qual não há como voltar atrás.

## Trabalho sem vínculo empregatício

Nos Estados Unidos, a maioria dos empregos do setor privado (não governamental) são sem vínculo empregatício, nos quais o profissional trabalha segundo a vontade (e, às vezes, os caprichos) do empregador. Ainda que a maioria das empresas de médio e grande porte tenham políticas específicas de demissão por justa causa e condições de trabalho, essas proteções ainda não são exigidas por lei.[8] Nos estados em que o trabalho sem vínculo empregatício é legitimado, as empresas não precisam de motivos para demitir colaboradores, embora as leis federais de discriminação possam ser aplicadas em algumas circunstâncias.

---

[8] No Brasil, as hipóteses de rescisão do contrato de trabalho por justa causa estão estabelecidas de forma exaustiva (e não exemplificativa) nas alíneas do artigo 482 da Consolidação das Leis Trabalhistas.

As decisões que influenciam o status profissional de um colaborador – promover ou não, dar um aumento ou não, demitir ou manter – não são decisões que devem ser tomadas sem uma cuidadosa deliberação por parte do gestor. Planeje a reunião para demitir o colaborador de acordo com as políticas e os procedimentos da empresa. Alguns gerentes preferem demitir no final do expediente para que o colaborador possa recolher seus pertences e sair sem que os outros observem. Será que um segurança terá que escoltar a pessoa demitida de volta ao escritório para recolher suas coisas e depois sair do prédio? Você ou um representante de RH precisa supervisionar enquanto ela encaixota suas coisas?

Por mais humilhantes que possam parecer, tais exigências são salvaguardas necessárias para que a empresa evite roubo ou sabotagem. Se o colaborador tiver um trabalho valioso salvo na rede ou em um computador da empresa, faça backup de todos os arquivos na noite anterior à sua intenção de demiti-lo, como uma proteção adicional. Antes da reunião, ensaie o que pretende dizer. Pratique falar de maneira clara e sem emoção. Quando você se encontrar com o colaborador, tome as seguintes medidas:

- Tenha um representante de RH ou seu chefe também presente. Isso reforça sua autoridade e diminui a probabilidade de apelos ou explosões emocionais.
- Se as políticas da empresa ou os acordos coletivos permitirem que o colaborador tenha um representante presente, certifique-se de que a reunião agendada acomode isso.
- Mantenha a conversa curta, direta ao ponto e sem emoção.
- Reveja as conversas e a documentação que apoiam a decisão de demitir o colaborador.

Nessa reunião, não é necessário nem aconselhável convidar o colaborador a tecer comentários ou opiniões. O tempo para isso já passou há muito. Se você desempenhou bem o seu papel de gestor, a demissão não será um grande choque para o colaborador (embora ainda possa ser atordoante por um tempo). Você aconselhou aquele profissional sobre os problemas dele de desempenho ou qualquer questão que tenha levado à demissão, e deu a ele muitas oportunidades para corrigir-se. Mantenha a calma e siga o roteiro que você ensaiou. Se for necessário que alguém acompanhe o colaborador demitido na saída, certifique-se de que essa pessoa esteja pronta e aguardando.

## Siga as regras

Acordos sindicais, convenções coletivas e outros pactos vinculantes podem estipular as condições e os procedimentos de demissão de um colaborador. É essencial seguir tais regras para resguardar a si mesmo e a empresa de possíveis ações legais.

---

Após a demissão do colaborador, reúna a equipe o mais rápido possível para dar a notícia. Mantenha as razões daquela demissão para si; tais informações são confidenciais. É importante tratar as pessoas com respeito depois de terem sido desligadas da empresa, independentemente dos motivos que levaram a isso. É provável que os demais membros do grupo soubessem que isso estava por vir e também que saibam melhor do que você por que essa era a única opção. Algumas vezes, no entanto, é preciso assegurar aos outros colaboradores que o problema era específico com a pessoa demitida; é natural que eles sintam algum medo e apreensão sobre a segurança de seus próprios empregos.

Talvez outros colaboradores queiram falar sobre como se sentem, mas geralmente é melhor se concentrar em como as funções serão redistribuídas, quais são os planos para contratar um substituto e outros detalhes relacionados ao trabalho. O segredo é seguir em frente. Aqueles que permanecerem observarão como você lida com a situação, e as percepções da equipe afetarão as atitudes, o desempenho e a lealdade dela.

# LIDANDO COM AS REPERCUSSÕES DOS OUTROS COLABORADORES

Problemas e questões de desempenho de um colega de trabalho costumam afetar outros colaboradores – em alguns casos, de modo profundo – e, muitas vezes, isso acontece bem antes de você tomar a decisão de demitir o colaborador. Não importa a rapidez com que você tenha intervindo na situação, é provável que achem que demorou demais. E se você, de fato, demorou um pouco para compreender a realidade da situação, é capaz que os membros da sua equipe fiquem frustrados e ressentidos. Eles podem retaliar arrastando deliberadamente os prazos, recusando-se a fazer algo além do mínimo exigido ou pedindo demissão. Deixar que os problemas inflamem é como um veneno que adoece todo o grupo de trabalho e pode prejudicar de maneira permanente a coesão e o espírito de colaboração da equipe. Em última análise, a situação respinga em você também; gerentes ficam de pé ou caem com base na eficácia e produtividade de seus colaboradores.

Se essa repercussão for um grande problema – a empresa perde uma conta importante ou outros departamentos se envolvem –, considere convocar uma reunião de equipe. Você precisa descobrir até que ponto o colaborador demitido perturbou o desempenho dos outros, que talvez não tenham conseguido completar suas tarefas ou viram seus esforços serem desperdiçados.

Para essa reunião de equipe, planeje a direção que você deseja tomar e os comentários que deseja fazer. Reúna-se em um local onde você e o grupo possam falar com franqueza e privacidade. Estabeleça parâmetros e limites desde o início: nada de falar mal, nada de fofocas. Explique que você conhece os problemas e que está trabalhando para estabelecer um plano de melhoria que inclua medidas de acompanhamento. Em seguida, convide os colaboradores a compartilhar suas preocupações. Mantenha a conversa focada em processos e resultados – não deixe a discussão

DEMITINDO UM COLABORADOR

227

se desviar para pessoas e personalidades. Uma certa dose de desabafo é inevitável, mas esforce-se para que o tom não se torne beligerante ou depreciativo.

## Confidencialidade é a melhor política

É inapropriado e muitas vezes ilegal discutir as dificuldades de um colaborador com outras pessoas. Dado que os problemas de desempenho afetam toda a equipe, é provável que o grupo tenha se tornado uma parte dessas dificuldades. No entanto, você ainda deve se assegurar que as dificuldades do colaborador demitido se mantenham confidenciais.

---

É importante que a equipe entenda que você tem ciência dos problemas e que se preocupa com a maneira como afetaram o grupo e o trabalho. Por mais que os colaboradores estejam preocupados com seu agora ex-colega, eles também precisam ter certeza de que seu desempenho é bom e que seus empregos estão seguros. A maioria das pessoas é compassiva e tolerante; se elas virem que você reagiu com cuidado e justiça, apoiarão seus esforços. A crise muitas vezes faz com que grupos se unam ou se desfaçam; se o seu grupo for coeso e funcionar bem, ele se unirá. Se a confiança interna for gravemente prejudicada, no entanto, pode levar um tempo considerável para que as feridas cicatrizem e a equipe volte a funcionar plenamente.

# RESPONSABILIDADE PESSOAL

A bola para em você

Os gerentes são responsáveis por seu desempenho em várias frentes: seus chefes, seus colaboradores, a empresa e as várias leis e regulamentações que se aplicam. Em algumas situações, essa responsabilidade pode tomar um rumo muito pessoal, como quando alguém o nomeia como parte de um processo legal ou quando sua conduta viola a lei. Cumprir regulamentos e leis é de responsabilidade das empresas; e as empresas responsabilizam seus gestores pelo cumprimento disso. Sua empresa, sem dúvida, espera que suas atitudes condigam com as políticas dela; ultrapasse os limites e você entrará na fila de desempregados.

## Trate as pessoas como indivíduos

Coerência e certa liberdade devem coexistir nas políticas corporativas. Há momentos em que seguir as regras ao pé da letra é contraproducente. A concessão de exceções demonstra um entendimento de que as pessoas às vezes possuem necessidades diferentes. Estabeleça um processo para considerar as exceções que leve em conta as circunstâncias específicas, os benefícios para o colaborador e os benefícios para a empresa. Se você decidir desviar-se das regras, explique suas razões para isso e enfatize que é uma exceção, não uma nova maneira de interpretar a política da empresa.

Como gerente, você precisa considerar sua própria responsabilidade, assim como a dos colaboradores que se reportam a você. Faz parte de seu papel garantir que todos compreendam leis, regulamentos, políticas e práticas que se aplicam a eles, bem como a conduta de seus cargos. Organize ou conduza treinamentos e outros métodos educativos para familiarizar os membros da sua equipe com regulamentos e práticas relevantes de saúde e segurança. Quando você encontrar práticas ou circunstâncias discutíveis, questione-as. Isso encoraja os colaboradores a fazer o mesmo. E, quando eles lhe trouxerem preocupações, tome medidas imediatas para investigá-las.

## UMA POLÍTICA DE PORTAS ABERTAS

A porta aberta é, ao mesmo tempo, literal e simbólica. Se você disser aos colaboradores que eles podem procurá-lo a qualquer momento, mas trabalhar com a porta fechada, você está enviando uma mensagem ambígua. A maioria das pessoas interpreta uma porta fechada como um sinal para parar. Desde a infância, somos treinados a não entrar sem bater e, muitas vezes, hesitamos em bater a menos que a necessidade de falar com a pessoa do outro lado seja urgente. Às vezes, os gerentes fecham a porta por hábito ou para bloquear distrações. No entanto, você está bloqueando as distrações ou querendo impedir que outros vejam ou ouçam o que você está fazendo? E o que é uma distração para você? Conversas? Pessoas passando? Os ruídos de um grupo ocupado trabalhando? Telefones tocando? A pergunta de um colaborador? É difícil definir diretrizes claras. Mesmo se você realmente quiser que as pessoas apenas abram a porta e entrem, muitas relutarão em fazê-lo. A menos que você esteja trabalhando em algo que exija privacidade, deixe sua porta aberta. A única maneira de as pessoas saberem que você tem uma política de porta aberta é se sua porta estiver de fato aberta. Considere o seguinte exemplo.

Quando Mark se tornou gerente do grupo de montagem, ele estabeleceu o que acreditava ser uma política eficaz de portas abertas. Ele receberia qualquer colaborador para falar sobre qualquer assunto – desde que o profissional agendasse uma reunião com sua secretária e provasse que havia tentado resolver a questão por meio do que Mark chamava de "intervenção de primeiro nível". Se o problema era com a marcação de folga, por exemplo, o colaborador precisava primeiro conversar com o outro que já havia agendado uma folga, a fim de verificar se os dois poderiam negociar um meio-termo, ou com o RH se a questão fosse relacionada à política em si ou aos benefícios.

No início, os colaboradores acolheram bem a abordagem de Mark. O gerente anterior do grupo só conversava com quem estava com algum tipo de problema e mantinha as reuniões do grupo focadas em discussões de tarefas de trabalho. Em contraste, Mark parecia surpreendentemente aberto. Nos primeiros meses, cada colaborador tinha marcado um encontro para conversar com Mark. Embora ele fosse amigável o suficiente nessas reuniões individuais, mantinha-as tão focadas no assunto quanto o gerente anterior nas reuniões de equipe. Quando um colaborador ia ao escritório de Mark para uma reunião agendada, Mark esperava que o profissional apresentasse um resumo de um a três minutos do problema e das medidas que havia tomado para tentar resolvê-lo. Ele tinha pouco interesse em conversas informais e nenhum interesse em assuntos que não estivessem diretamente relacionados com os processos ou resultados.

Quando os colaboradores tinham problemas que precisavam de intervenção imediata, Mark era novamente amigável, mas firme. Ele queria fazer o possível para ajudar, mas pedia-lhes que agendassem uma reunião para discutir a situação.

Não é surpresa alguma que o número de reuniões marcadas não tenha demorado a diminuir. Mark interpretou isso como um sinal de que o grupo tinha enfim se tornado uma equipe que funcionava em harmonia, capaz de solucionar problemas por conta própria. No entanto, os colaboradores ficaram cada vez mais insatisfeitos. Ao menos a gerente anterior havia deixado claro que ela não tinha interesse neles nem em seus problemas. Mark dava toda a aparência de estar interessado, mas, no fim, não era mais acessível do que a gerente anterior. Exigir agendamento para vê-lo significava que a porta "aberta" estava bem fechada aos colaboradores, a não ser que as necessidades deles se encaixassem na agenda de Mark. Embora Mark acreditasse estar disponível, suas regras e seus procedimentos o tornavam inacessível.

# O CICLO DE FEEDBACK

"Feedback" é uma espécie de palavra-chave com significados diferentes dependendo do contexto. Na eletrônica, o feedback é uma distorção sonora indesejável. No local de trabalho, feedback é alguém dando uma reação ou resposta a outra pessoa – o que, às vezes, soa como os choramingos e gritos irritantes que associamos ao feedback eletrônico. Na comunicação, feedbacks frequentes são sinônimos de crítica. Quando um gerente diz: "Tenho que lhe dar alguns feedbacks", os colaboradores muitas vezes ouvem: "Preciso lhe dizer a bobagem que você fez – de novo!".

Em circunstâncias ideais, o feedback é um ciclo de ação e reação. Nenhum dos componentes precisa ser grandioso ou significativo. Na verdade, quando o feedback se torna um ciclo de comunicação, a maioria das pessoas não percebe que ele está ocorrendo. O feedback só chama a atenção quando não existe, é negativo ou devastador. É claro que nem todo feedback é positivo e, às vezes, é devastador mesmo. No entanto, a maioria fica no meio-termo.

## O ponto de vista do gerente

Os colaboradores sempre querem saber o que seus gerentes acham deles e de seu trabalho. É a natureza humana; nós somos criaturas reativas. Queremos saber o que os outros pensam de nós. Isso nos ajuda a desenvolver um senso de pertencimento (ou não), realização (ou não) e confiança (ou não). As pessoas buscam constantemente o feedback de seus gerentes. Alguns o solicitam diretamente: "Como eu me saí?". Outros são menos diretos: "O que o cliente disse?". Embora a sabedoria popular pregue que não ter notícia é boa notícia, no mundo corporativo, o contrário é mais frequente. Ou, ao menos, é isso que os colaboradores pensam enquanto se preocupam por que não ouviram nenhum retorno de você.

Alguns feedbacks devem ocorrer em público, como em uma reunião. Tire alguns minutos para reconhecer um colaborador que tenha desempenhado um trabalho excepcional. Isso faz com que esse profissional se sinta bem; o reconhecimento na frente dos colegas é o maior elogio. Essa atitude também solidifica papéis e responsabilidades, além de moldar a interação dentro do grupo. As pessoas se sentem valorizadas por suas contribuições.

## Faça elogios

Para equilibrar seu tempo limitado e a necessidade de um colaborador por vários feedbacks, tente dividir seus comentários em pedacinhos menores. Em vez de esperar até que uma tarefa seja concluída para parabenizar o profissional pela realização de um bom trabalho, faça elogios e sugestões ao longo do caminho.

Justiça e adequação são fundamentais, é claro; é importante que você evite dar a impressão de que tem favoritos. Elogios em público podem ter um efeito contrário se levarem outros colaboradores a se sentirem menos importantes. O feedback em particular também tem seu lugar. Passe pela estação de trabalho de um colaborador para dar os parabéns por um relatório bem escrito ou por um projeto concluído antes do prazo. Essa atenção individual mostra que você percebe e se preocupa com o esforço de cada um.

### Feedback para ajudar os colaboradores a crescer

O feedback é uma ótima maneira de fornecer com regularidade dicas e sugestões para ajudar os colaboradores a melhorar e aumentar suas habilidades. Se fornecido de modo constante e aos poucos, tal feedback rapidamente se torna um elemento natural do ambiente de trabalho, e as pessoas passam a esperar por ele.

A consistência e a frequência da entrega de feedback removem qualquer sensação de que esse processo seja pesado ou voltado para disciplina. Além disso, não se deve amenizar o feedback; a maioria das pessoas se ressente das tentativas de camuflar más notícias nas armadilhas dos elogios.

Comente ações e comportamentos específicos. "Barb ficou muito chateada por você ter gritado com ela por causa do atraso na gráfica e desligado o telefone" funciona melhor do que "Johnson, você foi muito insensível!". Sempre que for prático, dê um feedback detalhado e que ofereça opções. "Ao ler este relatório, não tive uma ideia do que o produto realmente é. Você poderia, por favor, reestruturar a introdução ou acrescentar outra seção à parte dois?".

Procure maneiras de enquadrar o feedback não tão positivo no contexto de uma melhoria realista: "As reclamações dos clientes sobre atrasos na entrega aumentaram 35% neste trimestre. Vamos dar uma olhada nos motivos dos atrasos e depois pensar em algumas soluções".

Na medida do possível, elogie todo o grupo por seus esforços coletivos. Isso reforça o valor da equipe e lembra às pessoas que trabalho em equipe tem a ver com desempenho, não com personalidades ou com acariciar egos.

Alguns gestores querem ser bonzinhos, então dão apenas feedback positivo e sem pestanejar. Não demora muito para os colaboradores descobrirem que os elogios são constantes, o que diminui seu valor. E, quando o feedback que, a princípio, era positivo é seguido por uma mensagem contraditória, ele perde ainda mais o valor. Se a notícia for ruim, basta dá-la. Essas pessoas são adultas; sabem, mesmo se você tentar esconder isso delas, que cometem erros e que a vida não é cor-de-rosa. Quando o feedback não tão positivo envolve apenas uma ou duas pessoas, faça-o de maneira individual e reservada. Quando a mensagem for para a equipe inteira, seja direto, mas compassivo. Não discrimine indivíduos no contexto do grupo; se você tiver comentários específicos adicionais, faça-os em particular.

# CONFIRA TAMBÉM OS OUTROS LIVROS DA COLEÇÃO
## *TUDO O QUE VOCÊ PRECISA SABER*!

Sem medo nem ansiedade – aprenda a negociar como um profissional!

Tudo o que você precisa
aprender sobre economia,
mas nunca explicaram.

De Platão e Sócrates, de ética e metafísica até as ideias que ainda transformam o mundo, o livro essencial sobre o pensamento humano.

Filosofia não é só teoria,
é o que explica a nossa vida.

Mitologia como você sempre quis: sem embaraços e muito bom humor!

Da origem há milhares de anos às influências na sua vida, seu guia para compreender os astros!

ESSE LIVRO FOI IMPRESSO
PELA GRÁFICA RETTEC
EM PAPEL PÓLEN BOLD 70MG
EM FEVEREIRO DE 2022.